Listen!

**Herausgegeben von
Lina Brion und Detlef Diederichsen**

Inhaltsverzeichnis

Die 20 Deutschen in deutscher Sprache   **Die 20 internationalen**

Hits DER WOCHE — BRAVO-DISCO 3

1 So bist du — Peter Maffay
1 We don't talk anymore — Cliff Richard

2 Nachts, wenn alles schläft — Howard Carpendale
2 Gimme, gimme, gimme — Abba

3 Frei und abgebrannt — Bernhard Brink
3 A Walk in the Park — Nick Straker Band

Jürgen holt mächtig auf

Bernhard immer stärker

Queen hauen auf den Putz

Police greifen ein

#	Pos	Deutsch	Künstler	#	Pos	International	Künstler
4	4	Du hattest keine Tränen mehr	Peter Maffay	4	5	I was made for loving you	Kiss
5	9	Du wirst auch ohne mich leben	Jürgen Drews	5	4	1–2–3–4 Red Light	Teens
6	6	Schachmatt	Roland Kaiser	6	9	Video killed the Radio Star	Buggles
7	5	Schulschluß	Jürgen Drews	7	6	Whatever you want	Status Quo
8	7	El Lute	Michael Holm	8	7	Baby it's up to you	Smokie
9	8	Ich liebe dich	Peter Orloff	9	8	Boy oh Boy	Racey
10	11	Ich werde geh'n heute nacht	Mary Roos	10	16	Crazy little Thing called Love	Queen
11	13	Ich steh' auf Rock'n'Roll	Jürgen Drews	11	10	I don't like Mondays	Boomtown Rats
12	10	Wie du	Paola	12	11	Voulez vous	Abba
13	18	Ich wär' so gern wie du	Bernhard Brink	13	13	She's in Love with you	Suzi Quatro
14	14	Das Lied von Manuel	Manuel & Pony	14	17	Maybe	Thom Pace
15	15	Wenn ich geh'	Wolfgang Petry	15	12	Don't bring me down	Electric Light Orchestra
16	16	Moskau	Dschingis Khan	16	14	El Lute	Boney M.
17	19	Ich denk' oft an Marianne	Waterloo & Robinson	17	NEU	When you're in Love	Dr. Hook
18	17	Bleib am Ball	Boy	18	20	Tusk	Fleetwood Mac
19	12	Der Verräter	Dschingis Khan	19	19	I want you to want me	Cheap Trick
20	20	Nicht zu fassen	Ingrid Peters	20	NEU	Message in a Bottle	Police

Englands Top-Hits
1 (1) ANOTHER BRICK IN THE WALL Pink Floyd
2 (–) I HAVE A DREAM Abba
3 (2) WALKING ON THE MOON Police
4 (–) DAY TRIP TO BANGOR Fiddler's Dream
5 (4) I ONLY WANT TO BE WITH YOU Tourists
6 (–) RAPPERS DELIGHT Sugarhill Gang
7 (–) WONDERFUL CHRISTMAS Paul McCartney
8 (6) QUE SERA MI VIDA Gibson Brothers
9 (10) MY SIMPLE HEART Three Degrees
10 (–) BRASS IN POCKET Pretenders

Songs, die auf dem Weg in die Top-Twenty sind
Hadschi Halef Omar Dschingis Khan
Sie ist kalt Marianne Rosenberg
Früh-Stück Gebrüder Blattschuß
Wie frei willst du sein Howard Carpendale
Union City Blue Blondie
Such a Night Racey
Oowatanite Clout
Take the long Way home Supertramp

Amerikas Top-Hits
1 (2) ESCAPE Rupert Holmes
2 (1) NO MORE TEARS Streisand & Summer
3 (3) PLEASE DON'T GO K. C. & Sunshine Band
4 (6) SEND ONE YOUR LOVE Stevie Wonder
5 (5) LADIES NIGHT Kool & The Gang
6 (4) BABE Styx
7 (9) JANE Jefferson Starship
8 (10) WE DON'T TALK ANYMORE Cliff Richard
9 (–) DO THAT TO ME . . . Captain & Tennille
10 (–) ROCK WITH YOU Michael Jackson

BRAVO 47

Zur Ordnung der Playlist

Seit geraumer Zeit schaffen Listen Ordnung in der Welt der Musik. Mit dem Aufkommen der Massenmedien Mitte des 20. Jahrhunderts etablierten sich erstmals die Hitlisten, die „Charts", die in der Folge immer weiter nach Genres und Formaten ausdifferenziert wurden. Diese Ranglisten wurden alsbald von Radiostationen adaptiert, denen es gelang, mit dem Countdown von Nummer 10 bis zur Spitzenposition die Musikpräsentation in eine spannende Dramaturgie einzuhegen. Sendungen wie die *Top Of The Pops* der BBC oder die ZDF-*Hitparade* schufen eine telegene Bühne für das Listenformat ab den 1960er und 1970er Jahren. Zeitgleich tauchten in der Radiolandschaft neue Listen auf: „Playlists", die dem moderierenden und sein Programm selbst kompilierenden Radio-Discjockey seine Allmacht nehmen sollten – im Dienste des neuen Ziels der „Durchhörbarkeit". Spätestens in den 1980er Jahren ergaben sich unter dem Druck des Privatradios auch die letzten Bastionen des öffentlich-rechtlichen Rundfunks diesem Primat und ließen zunächst noch Musikredakteur*innen, später zunehmend auch Algorithmen Playlists definieren, deren Hauptaufgabe darin bestand, dem Hörer oder der Hörerin das Umschalten zu einem anderen Sender schwer zu machen. Radio-DJs regredierten zu Gute-Laune-Plaudertaschen ohne inhaltliche Befugnis, während selektierende, kuratierende DJs mit Kompetenz in den diversen Tanzmusik-Genres immerhin in Diskotheken und auf Raves neue Betätigungsfelder fanden. Das listenkompatible Sendungsbewusstsein anderer echter oder vermeintlicher Auskenner*innen wich auf Magazine mit ihren Jahresend-Bestenlisten oder groß zur Schau gestellte Aufstellungen wie „Die 500 besten Gitarrensolos aller Zeiten" aus.

Seinen größten Triumph erlebt das Listen-Format jedoch mit Aufkommen des Musikstreamings in den 2010er Jahren. Die Streaming-Playlist ist eine der jüngsten Varianten der beliebten Praxis der Aufzählung, Klassifizierung und Katalogisierung, der Auswahl und Sequenz. Sie hat nicht nur den Tonträger als primäres Medium des Musikkonsums abgelöst – anstatt Platten zu kaufen oder CDs zu brennen, schaltet man heute per zustimmendem Häkchen hinter den nicht gelesenen „Terms of Service" den Zugang zu Audiotheken frei. Sie steht auch exemplarisch für ein neues ökonomisches Modell des digitalisierten Plattformkapitalismus. Streamingdienste spielen eine zentrale Rolle für die Tendenz, alle Lebensbereiche in computerisierte Daten zu übersetzen und als solche zu verwerten. Die gehandelte Ware ist hier weniger die Musikdatei als vielmehr die Information über das Hörverhalten der Nutzer*innen. Die Playlist dient als Schnittstelle, die den Zugang zur Musik mit der Datenerfassung der Musikkonsument*innen verquickt.

Als Klassifikationssysteme kontextualisieren Playlists Musikdateien nach vorgefertigten Stimmungs- und Aktivitätskategorien. Algorithmisch personalisiert oder redaktionell „empfohlen", beeinflusst diese Form der Zusammenstellung einzelner Stücke nicht nur das Hörverhalten und die Musikästhetik, sondern zunehmend auch, wie musikalischer Klang Alltag und Räume strukturiert. Das Geschäftsmodell der werbefinanzierten Dienste verlangt ein Medienformat, das möglichst pausenlos und in Echtzeit personalisierte Aktivitäts- und Stimmungsprotokolle der Konsument*innen erzeugt: „soundtrack every moment of your life". Das Ergebnis ist Neo-Muzak, die industrielle Funktionalisierung von Musik als Umgebung, Stimulationssubstanz und Selbstregulationstechnik.

Dieser Band geht der Frage nach, weshalb sich die Playlist als Sortier- und Empfehlungsformat so gut zur Organisation von Datenproduktion eignet. Auf welche Weise dient sie als ordnendes, logistisches und kommunikatives Instrument? Wie übersetzt sie Musik und das Musikhören in verwertbare Informationen? Welche wissenschaftlichen Methoden und Repräsentationsmodelle sind in das Playlist-Format eingebettet? Und welche Rolle spielt das Hören – englisch: *to listen* – als Verhalten und Sinneswahrnehmung einerseits, als registrierende Abhörtechnik andererseits?

Die Medienwissenschaftlerin Maria Eriksson hat mit einem schwedischen Forschungsteam und den Mitteln des Reverse Engineerings den Streamingdienst Spotify auseinandergenommen, um seiner inneren Funktionsweise auf die Spur zu kommen. Einen ähnlichen investigativen Ansatz via Datenanalyse verfolgt die Künstlerin Jasmine Guffond: Mittels einer Browsererweiterung übersetzt sie Internet-Cookies in Klang, Nutzer*innen können den Spieß umdrehen und selbst der Nachverfolgung ihrer Online-Aktivitäten zuhören. Für diesen Band haben die beiden sich gegenseitig interviewt.

Kristoffer Cornils bettet die Playlist in eine Kulturgeschichte der Liste ein und beschreibt deren Rolle für die politische Ökonomie der Musik. Robert Prey untersucht das Format des programmierten Flows und die behavioristischen Vorannahmen über das musikhörende Subjekt, beides zentrale Grundlagen für die Datifizierung der Musik. Liz Pellys Polemik gegen die Playlist-Logik, die zur Passivität anleitet, Musik homogenisiert und Werbe- und Ausbeutungsprinzipien vereint, plädiert für eine alternative Praxis des bewussten Hörens, die die Ordnung der Playlist schließlich hinter sich lässt.

Lina Brion und Detlef Diederichsen

Zerlegen, um zu durchschauen

Jasmine Guffond: Ihr Forschungsteam hat die Unternehmensge-schichte von Spotify von seinen Anfängen als Start-up bis zum Börsengang 2018 untersucht. Ein derartiger wirtschaftlicher Fokus ist in den Kulturwissenschaften eher selten. Können Sie erläutern, worin die Bedeutung von „Finanzialisierung als strukturierendem Prinzip der Mediengeschichte" liegt?[1]

> Maria Eriksson: In *Spotify Teardown* haben wir das altbekannte „Follow-the-money"-Prinzip angewandt, um das Wachstum und die aktuelle Rolle Spotifys in der Musikindustrie zu analysieren. Indem wir exakt nachzeichnen, wie der Kapitalzufluss das Unter-nehmen im Laufe der Zeit verändert hat, wollten wir Fragen beantworten wie: Welche Autonomie besitzt Spotify als Unter-nehmen? Wie haben sich Geschäftsmodell und Selbstdarstell-ung in Anbetracht der externen Finanzierung verändert?
>
> Um diese Fragen zu beantworten, haben wir die Unter-nehmensstruktur (einschließlich der Eigentümerorganisation und den Offshore-Steuervorkehrungen) einbezogen und das Netzwerk aus Investoren und Risikokapitalfirmen erforscht, das am „Hype" um Spotify beteiligt ist (große Labels und andere Akteure wie Goldman Sachs, Coca-Cola und der russische Invest-mentfonds Digital Sky Technologies). Derartige Transaktionen offenzulegen, hat sich für uns als probates Mittel erwiesen, um mit dem progressiven und alternativen Image aufzuräumen, auf das viele Start-ups so großen Wert legen. Im Kern unterscheidet sich Spotify nicht von anderen hochspekulativen und gewinn-orientierten Online-Unternehmen. Unsere Untersuchung seiner Finanzialisierung hat dazu beigetragen, genau dies zu zeigen.

JG: Ihr Forschungsteam hat auch Botgesteuerte Recherchemethoden als interventionistische Technik angewandt. Wie hängt dies mit der Idee des „Spotify Teardown" zusammen?

---

1   Vgl. Maria Eriksson, Rasmus Fleischer, Anna Johansson, Pelle Snickars und Patrick Vonderau, *Spotify Teardown: Inside the Black Box of Streaming Music*, London: The MIT Press, 2019, S. 35.

ME: Eine zentrale Idee bestand darin, Spotify nicht nur von außen zu studieren, sondern auch innerhalb der Plattform *aktiv zu werden* und Dinge in Bewegung zu setzen, um die interne Dynamik der App analysieren zu können. Dazu gehörte der Einsatz von Bots (bzw. Softwareskripts, die programmiert wurden, um Spotify-Nutzer*innen zu imitieren und so das System hinter den Musikempfehlungen zu entschlüsseln). Ein eigenes Label zu Forschungszwecken und die Beteiligung an spekulativem Softwaredesign, um das Phänomen des Ad-Blockings bei Spotify auf die Probe zu stellen, waren weitere Methoden. In *Spotify Teardown* geht es vor allem um diese Interventionen, mit deren Hilfe wir die Funktionsmechanismen von Spotify analysierten – in praktischer wie theoretischer Hinsicht. Dieser Ansatz hat vermutlich einige Gemeinsamkeiten mit Ihrer künstlerischen Praxis, denn wir beide interessieren uns offensichtlich dafür, mit der Arbeitsweise technologischer Systeme zu spielen – indem wir beispielsweise ihren Output zurückverfolgen und nach Zugängen suchen, die erkennen lassen, was im Inneren vor sich geht.

In dem Buch bedienen wir uns auch des „Teardown"-Konzepts aus Reverse-Engineering-Prozessen. Dort bezeichnet es die Dekonstruktion technischer Produkte und die Identifizierung ihrer Hauptkomponenten. In ähnlicher Weise wollten wir Spotify zerlegen und seine Schlüsselkomponenten und -mechanismen eruieren – nicht zuletzt, um die gängigen Darstellungen des Unternehmens zu konterkarieren.

JG: Was haben Sie durch Ihre Bots und die automatisierten „Fake"-Benutzerkonten über die von Spotify empfohlenen Playlists herausgefunden? In einem Artikel schreiben Sie beispielsweise über „chrononormative Effekte".[2] Könnten Sie das näher erläutern?

ME: Meine Kollegin Anna Johansson und ich haben untersucht, wie die Beschreibungen und Abbildungen rund um die Playlists von Spotify dazu beitragen, Musik in einem bestimmten Kontext zu verorten und Vorstellungen vom „guten Leben" zu

---

2   Maria Eriksson und Anna Johansson, „,Keep Smiling!': Time, Functionality and Intimacy in Spotify's Featured Playlists", *Cultural Analysis* 16/1 (2017), S. 67–82.

befördern.[3] Es ging uns um die Unterschiede und Gemeinsamkeiten in den Content-Formen, die Spotify Nutzer*innen in verschiedenen Ländern anbietet. Dazu legten wir Konten an, deren Einstellungen bis auf die jeweilige Nationalität und IP-Adresse identisch waren. Mithilfe von Skripts wurden diese Konten (bzw. Bots) so programmiert, dass sie automatisch eine Reihe von Tasks durchführten (anmelden, einige Sekunden warten, wieder abmelden). Ziel war es zu dokumentieren, wie Spotify mit diesen Konten auf der Bild-, Text- und Musikebene umgeht.

Konkret haben wir untersucht, wie Spotify eine Woche lang stündlich jeweils eine fiktive schwedische, eine argentinische und eine amerikanische Nutzerin angesprochen hat. Unsere Analyse zeigt, dass die Empfehlungen einem überraschend ähnlichen Muster folgten: Sie waren alle eng mit bestimmten Tageszeiten und Vorstellungen darüber verknüpft, wie man sein Leben optimiert (morgens mit guter Laune aufwachen und sich für die Arbeit fertig machen, nachmittags konzentriert und produktiv bleiben, abends entspannen oder Zeit mit Freunden und Familie verbringen). Die Erkenntnisse von Elizabeth Freeman waren hier sehr nützlich."[4] Diese Art der Nutzer*innenansprache, so unser Resümee, hat chrononormative Effekte – gibt also zeitliche Muster für das soziale Leben vor. Nach diesem Schema organisiert sich das menschliche Leben im Sinne maximaler Produktivität, wie es neoliberalen, kapitalistischen – und oft heteronormativen – Ideologien entspricht (hart arbeiten, gesund bleiben, Produktivität aufrechterhalten, ein leidenschaftliches Liebesleben führen, etwas für seine psychische Verfassung tun und so weiter).

JG: Thematisch nach Stimmungen und alltäglichen Aktivitäten kuratierte Spotify-Playlists reduzieren Musik auf eine funktionale Rolle und erinnern an Muzak. Im Gegensatz zu Muzak ist die Spotify-Playlist jedoch so konzipiert, dass sie über den normalen Bürotag und die Geolokalisierung des Arbeitsplatzes hinaus in alle Aspekte unseres Lebens – im wachen Zustand wie im Schlaf – hineinreicht. Was

3   Vgl. Eriksson u.a., *Spotify Teardown*, S.35.
4   Vgl. Elizabeth Freeman, *Time Binds: Queer Temporalities, Queer Histories*, Durham: Duke University Press, 2010.

|HEIKE|A=VP

Col 1	Col 2	Col 3	Handwritten
	38 Verliebt(...)		130 Lieсk —
•Schöne	39 Itsy 1		131 Kurt-Linden
3a P.EB	40 M.Lou (H.ho)		132 Gaudi-show-Maus
4a Ballerina	41 Düsseld.		133 Henkette Susann
5 S.Broken	42 Frieden		134 Grunew.
6 R.Lipp.	43 Capri (H.ho)		135 a/b Lichtenst. Polka
7 Bl.Boot	44 Tulpen		136 a/b Kleinigk.-VP
8a/b B.Sund.	45a Theke-Husar		137 LORD-VP
9a 1000mal	46a POL.-M.		138 6cb - v.Bul (GER
10 Gefühle	47a Sauf-M.		139 W.Boot-...
11 Dich lb.	48a Marsch-M.	85 B.Moon(...)	140 a/b Schön...
12a Seem.	49a Walzer-M.	86a Silence	141 LULSA...
13a •S.Dom.	50-Eins. Samba-M.	87a Ewigk.	
14 Belinda	51a See-M.	88a Alles-lb.	
15 R.-Rosen	52 Ostsew..	89 I have SONNE	
16a Bella Ven.	53-Eins. Nordseek.	90 Spr.-Lb. (o.Ch,gt.) TWIST	
7a Pyräus	54 Rosam. (a.Sä.)	91 Br.Girl W.West	
Lbku.	55 Horch.	92 Schloß	
9 Ibiza	56 Alle Vögel	93 Stern	
0 Erst willst	57a So 1 Tag	94a/b Gr.Wein	
1a M.Maria	58 TUSCH	95a CARMEN	
2a Veo	59 Can-street X	96 Wh.Chr...	
3a Hooray	60 Eins. B.Berge.	97 Cavalleric	
a/b 7 Fäss./EINS	61a Clement.	98 In Duc...	
a Denkst	62 Obladi (Ch.Vl)	99 Merry Christ.	
a Marmor	63-Eins. J.lb.	100 Schlitten	
Hd. z. Hi.	64a/b Alt-Baum	101a K.Angst- m.Zug.	
Holzm.	65 Achy	101c K.Angst- o.Zug.	
a/b Bl.-Nacht	66a Ring	102a Komm ruf- m.Zu	
a/b Schö-We	67a/b Top TOP	102c Komm ruf- o.Zu	
a/b Denn-lb.Welt	68 Try	103 Feliz	
Kl.Welt	69-Eins. Rhinst.	104 White Ch.	
Theater(kz)	70 Y.River	105 Weihn.v.Tür	
1000 kl.Stern.	71 Jam.	106a Alle J.	
Sonntags	72a/b Even Cow.	107a Kling	
Jäger	73 Lookg.	108a J.Bells/dt.-engl	
/b...B.hase	74 ...		

sind die kulturellen und politischen Implikationen einer unendlichen, nahtlosen Wiedergabeliste? Wird durch die Reduzierung von Musik auf eine utilitaristische Funktion das Potenzial der Kunst, Dinge infrage zu stellen, gemindert?

ME: Je mehr Zeit Nutzer*innen mit digitalen Anwendungen verbringen, desto mehr Möglichkeiten bieten sich Plattformen, ihre Daten zu analysieren und zu verkaufen. Ich glaube, dass der Hang zu fertig geschnürten, unendlich vorhandenen Playlists in diesem Zusammenhang zu verstehen ist. Zwar werden Wiedergabelisten oft als „Gratisservice" hingestellt, der auf individuelle Wünsche eingeht und einem die Entscheidung abnimmt, welche Musik man hören will. Aber sie sind immer auch kommerzielle Produkte, mit denen sich Erkenntnisse über das Hörer*innenverhalten gewinnen und Einfluss auf die Musikauswahl nehmen lässt. So gesehen sind Playlists eben keine unschuldigen Musikpäckchen, sondern essenzielle Bestandteile der Online-Musikwirtschaft.

Wird dadurch das Potenzial der Musik als progressive Kraft gemindert? Bis zu einem gewissen Grad ja, weil Musik in kapitalistischen Wertschöpfungsspiralen gefangen bleibt. Aber wenn die Rolle der Musik auf eine utilitaristische reduziert wird, kann dies durchaus eine Gegenreaktion auslösen, die wiederum zu mehr gesellschaftskritischer Musik führen könnte. Ich glaube nicht, dass solche Manipulationsversuche das progressive Potenzial der Musik vollständig abtöten, da ihr Einfluss auf die Welt (zum Glück) weit über ihre Präsenz in kuratierten Playlists hinausreicht.

JG: Sie beschreiben auch, dass die Kategorisierung der Playlists nach Tageszeiten als eine Art Überwachungstechnologie dient, weil sie ein Verhaltensmarketing ermöglicht. Wie funktioniert das? Und geht es einfach nur um die traditionelle Strategie, Verbraucher*innen zum Kauf bestimmter Produkte zu bewegen, oder wird Musik hier auf neue und besonders perfide Weise instrumentalisiert?

ME: Die Playlists von Spotify haben häufig eine sehr persönliche, intime Note, obwohl sie faktisch für eine große Zahl von Nutzer*innen produziert werden. Dies steht in einer längeren

Tradition, in der die Massenmedien versuchen, durch intime Ansprache ein Gefühl von Freundschaft, Anteilnahme, Sympathie und Zugehörigkeit zu erzeugen.[5] Der Fall Spotify zeigt jedoch, dass das Unternehmen diesen persönlichen Ansatz unmittelbar zu Werbezwecken nutzt. Während unserer Recherchen bot Spotify Werbetreibenden die Möglichkeit, Nutzer*innen auf der Grundlage von mindestens acht verschiedenen Aktivitäten und Stimmungen zu adressieren, wie sie in Playlists zu finden sind: Sport, Party, Chillen, Essen, Kinder & Familie, Reisen und Romantik. Es besteht also eine intensive Einbindung der Playlists in das *behavioral marketing* – eine Werbestrategie, bei der es genau darum geht, die Zielgruppe auf der Grundlage ihres Verhaltens, ihrer Gefühlszustände und ihrer Persönlichkeitsmerkmale zu segmentieren. Playlists sind letztendlich kalkulatorische Instrumente, um Nutzer*innen zu erfassen, ihre Daten zu bemessen und zu verkaufen. Hier geht es nicht in erster Linie darum, dass die Leute mehr Musik hören, sondern darum, Nutzer*innendaten in Zielgruppenerkenntnisse zu verwandeln, die sich an Dritte verkaufen lassen.

JG: Betrachten Sie die Musik-Empfehlungen als eine emotionale/psychologische Form der Kontrolle oder Manipulation, weil sie sich die Fähigkeit der Musik zunutze machen, emotional zu berühren?

ME: Ja, aber das gilt für alle Formen des Musikvertriebs. Ich glaube, es hat nie einen Zeitpunkt gegeben, an dem Menschen ohne jegliche Manipulationsversuche Zugang zu Musik hatten. Musik ist – und war schon immer – tief in kulturelle Normen, Ideologien und Machtsysteme eingebettet. Es wäre also nicht fair zu behaupten, dass Spotify hier einzigartig ist. Das Unternehmen steht vielmehr in einer langen Tradition, mit Musik Einfluss darauf zu nehmen, wie Menschen denken und leben.

---

5   Siehe beispielsweise Donald Horton und R. Richard Wohl, „Mass Communication and Para-Social Interaction: Observations on Intimacy at a Distance", *Particip@tions* 3/1 (2006 [1956]); online: https://www.participations.org/volume%203/issue%201/3_01_hortonwohl.htm, abgerufen am 20.10.2020, und John Durham Peters, „Broadcasting and schizophrenia", *Media, Culture & Society* 32/1 (2010), S. 123–140.

JG: Könnten Sie kurz darauf eingehen, wie Online-Apps hier genau vorgehen? Welche Auswirkungen haben Plattformen, die unsere Hörerfahrung standardisieren?

ME: Onlinedienste für Musik verfügen über umfassende Möglichkeiten zu steuern, wie Musik beworben, bewertet, verpackt und an Kunden verkauft wird, aber sie sind definitiv nicht die Ersten, die dazu in der Lage sind. Große Plattenläden und multinationale Labels haben immer schon mitbestimmt, wie Musik das Publikum erreicht. Im Vergleich zu ihren historischen Vorgängern befinden sich Onlineplattformen aber in der einzigartigen Lage, das Musikhören auf ganz neue Weise zu Geld machen zu können – insbesondere durch die Echtzeit-Feedbacks der Nutzer*innen. Während ein Plattenladen die Kontrolle über die Musik verliert, sobald er eine Platte verkauft hat, können Plattformen immer wieder Daten über Zielgruppen sammeln und deren Verhalten tagtäglich überwachen. Weniger als die Musik sind es diese Informationen, mit denen Onlinedienste für Musik handeln.

JG: Mit seinen jüngsten Anschaffungen 2020, den äußerst beliebten Podcasts *The Ringer* (200 Millionen US-Dollar) und *The Joe Rogan Experience* mit Millionen Wiedergaben innerhalb von 24 Stunden, will Spotify einen weiteren Bereich von Kultur-Produktion und -Konsum erobern.[6] Welche Auswirkungen hat es auf die Erfahrung von Kultur und die Produktion von Wissen und Bedeutung, wenn der Onlinezugang zu einem bestimmten kulturellen Bereich von einigen wenigen Akteuren dominiert wird?

ME: Spotify hat mehrfach den Versuch unternommen, sich neue Märkte zu erschließen. Vor einigen Jahren schien es so, als würde das Unternehmen damit beginnen, audiovisuelle Inhalte zu vertreiben, und vor Kurzem gab es Anzeichen dafür, dass es in die Produktion von Hardware einsteigt. Viele dieser

6   Vgl. Alex Hern, „Spotify podcast deal could make Joe Rogan world's highest paid broadcaster", *theguardian.com*, 24.5.2020; online: https://www .theguardian.com/media/2020/may/24/spotify-podcast-deal-the-joe -rogan-experience, abgerufen am 20.10.2020.

Ideen sind allerdings nie langfristig umgesetzt worden; für eine belastbare Aussage, ob Spotify an seinem neu gewählten Pfad festhalten wird, ist es daher noch zu früh.

In jedem Fall ist aber die Entscheidung, in Podcasts zu investieren, interessant. Sie sind insofern etwas Besonderes, als sie etwas Journalistisches haben (da sie ein breites Publikum erreichen und oft mächtigen Interessengruppen die Möglichkeit geben, sich in Interviews zu äußern), sich jedoch nicht unbedingt an einen ethisch-journalistischen Kodex, also Faktenprüfung, Quellenschutz, Meinungsvielfalt, Debattenkultur etc. halten. Das hat dazu geführt, dass Podcasts häufig in Diskussionen über Fake News, Propaganda und den Verfall der öffentlichen Debattenkultur verwickelt sind. Indem Spotify in Podcasts investiert, fördert es solche Formate. Man sollte vielleicht darüber nachdenken, solche Plattformen wie Spotify auch für die von ihnen verbreiteten Inhalte verantwortlich zu machen – zumindest bis zu einem gewissen Grad.

JG: Ich kann mir vorstellen, dass Spotify von Ihren Recherchen nicht begeistert war.

ME: Tatsächlich drohte das Unternehmen nach der Veröffentlichung von *Spotify Teardown*, unsere Forschungsgruppe zu verklagen. Das brachte mich dazu, mich eingehender mit der Politik der Nutzungsbedingungen (Terms of Service, ToS) zu befassen – diesen endlos langen Verträgen, die Benutzer*innen akzeptieren müssen, um sich für einen Onlinedienst anmelden zu können. Spotify hat versucht, uns die Forschungsmittel zu kürzen, mit dem Argument, unsere Methoden (die darin bestanden, Informationen aus der Spotify-App zusammenzutragen, fiktive Konten zu erstellen und das Abspielen auf der Spotify-Plattform zu manipulieren) hätten dem Unternehmen finanziell geschadet. Als sich unsere Universität und unsere Förderinstitutionen auf unsere Seite stellten, sah das Unternehmen von weiteren Drohungen ab, aber der Vorfall warf ein Schlaglicht auf den rechtlichen und ethischen Status der Nutzungsbedingungen – und zeigte, wie wichtig es ist, die akademische, künstlerische und journalistische Freiheit zur kritischen Analyse solcher zentralen Akteure der Onlinewirtschaft zu schützen.

Lonely

Nutzungsbedingungen stellen eine überaus spannende Kategorie von Dokumenten in einer rechtlichen Grauzone dar. Im Kern handelt es sich um unternehmerische Positionen, die ohne staatliche Aufsicht formuliert werden, was bedeutet, dass es den Unternehmen freisteht, alle möglichen Bestimmungen einzubauen – auch solche, in denen sie sich selbst das exklusive Recht einräumen, die Daten ihrer Nutzer*innen zu verwerten, während sie gleichzeitig deren Möglichkeiten beschränken, kritisch zu prüfen, was auf der Plattform vor sich geht. So ist es zum Beispiel üblich, Nutzer*innen zu verbieten, *jedwede* Information von Plattformen zu speichern und zu veröffentlichen (sei es in Form von Text-, Bild- oder Tonkopien). Wenn man sich exakt daran halten würde, könnten diese Statuten kritische Untersuchungen unterbinden, da es für Wissenschaft und Journalismus unabdinglich ist, Informationen zu vervielfältigen, zu archivieren und zu veröffentlichen. Des Weiteren hätten Onlineplattformen eine beispiellose Macht, Gesetze vorzugeben, wenn die Verletzung von Nutzungsbedingungen als Straftat gelten würde (wie Spotify suggerierte, als das Unternehmen damit drohte, unsere Forschungsgruppe zu verklagen). Nutzungsbedingungen sind daher hochbrisante Dokumente, in denen Recht, Ethik und Politik zusammenfließen, und ich würde sehr gern ihre Geschichte und ihren Einfluss erforschen.

Aus dem Englischen von Anja Schulte

Zur Geschichte der Playlist

Die Form der Liste ist die Ausformung einer Kultur, die Ordnung schaffen will – in der Kommunikation, der Wissensvermittlung oder der Welterfahrung überhaupt. Die Motivation zur Listenerstellung kann allerdings genauso differieren wie die Kriterien, nach denen Listen erstellt werden. So nüchtern eine jede Liste auf den ersten Blick erscheinen mag, ist sie selbst immer von den Interessen überformt, die sie implizit repräsentiert. Denn wer Ordnung schaffen möchte, bildet entweder bestehende Ordnungen ab wie die „World's Billionaires List" von *Forbes* oder strebt neue an wie im Falle von Wahllisten. Weshalb eine jede Liste nicht nur selbst Ausformung von Kultur ist, sondern ihrerseits Kultur in soziopolitischer Hinsicht formt.

Die Liste mag ein Medium sein, in dem das Diskrete vereint und öffentlich erfahrbar gemacht wird, allerdings geht sie dabei immer auch von einer bestimmten Definition von Öffentlichkeit aus und arbeitet daran mit, diese Öffentlichkeit zu konstruieren. Denn was ist ein Bilder-Listicle wie „50 People You Wish You Knew In Real Life"[1] auf der Unterhaltungsplattform Buzzfeed anderes als eine normative Setzung, die einerseits von einer weitgehenden Kongruenz ästhetisch-ethischer Vorannahmen ausgeht, wie sie diese andererseits selbst mitbestimmen soll? Listen sind, einmal aufgeschrieben, immer auch Machtdiskursen verschrieben, sie reflektieren und konstituieren Hierarchien und schreiben sich so in kulturelle Prozesse ein. Oder was waren die zehn Gebote, wenn nicht eine Liste?

Das ist auch in Opposition zu den weitgehend akzeptierten Normen möglich. So kontra-intuitiv es beispielsweise wäre, die Inhaltsangabe des vorliegenden Buchs alphabetisch nach den Titeln der einzelnen Beiträge zu sortieren – ein Gesetz dagegen gibt es nicht. Das ist ein weiteres zentrales Merkmal der Liste: Sie selbst bestimmt ihr inneres Ordnungssystem und kann sich über die Struktur anderer Listen hinwegsetzen. Listen sind deshalb ökonomisch im eigentlichen Wortsinn – sie bringen eine Reihe von Normen unter ein Dach. Und bilden immer auch ein Angebot ab, das auf eine Nachfrage antwortet oder sie antizipiert. Jede Rechnung oder Quittung ist schließlich

---

1   Dave Stopera, „50 People You Wish You Knew In Real Life", *Buzzfeed* (12.4.2012, aktualisiert am 25.1.2019); online: https://www.buzzfeed.com /daves4/people-you-wish-you-knew-in-real-life#.nvMlX7LBW, abgerufen am 19.7.2020.

als Aufstellung des Geleisteten oder Erworbenen auch immer eine Liste, genauso wie jede To-do- und Einkaufsliste das zu Leistende und zu Erwerbende vorformuliert. So sortieren Listen nicht allein das Gegebene der Vergangenheit oder der Gegenwart, sondern entwerfen auch Handlungsanweisungen in die Zukunft hinein. Weshalb sie nicht nur einen Repräsentationsmodus für Vergangenes und Gegenwärtiges darstellen, sondern zugleich die Zukunft vorzeichnen.

In der Pop-Musik werden seit jeher Listen angefertigt, um Ordnungen zu schaffen, Chronologien zu konstruieren, Wissen schnell konsumierbar zu machen. Wie sonst ließe sich auch ein Überblick über die Diskografie eines hyperaktiven Noise-Künstlers wie Masami Akita alias Merzbow schaffen? Auf Plattformen wie Discogs oder Rate Your Music waren im Sommer 2020 jeweils über 1.000 beziehungsweise knapp über 900 Tonträger aufgelistet, die Akita als Solo-Künstler veröffentlicht oder an denen er mitgewirkt hat. Obwohl es unwahrscheinlich ist, dass Akita sich selbst an jede einzelne seiner Releases erinnert, wann und wo er zuerst diese und jene Aufnahme veröffentlicht hat, wird sein Gesamtwerk hier mit gnadenloser Pingeligkeit in eine überschaubare Form gebracht.

Musiklisten haben über diese rein archivarische und katalogisierende Funktion hinaus aber auch immer eine emotionale Dimension. Mixtapes, Playlists? Eigentlich auch nur Listen, aber weit mehr als nur die Summe ihrer Teile. Denn Listen sind auch Selbstausdruck, sie verraten etwas über ihre Ersteller*innen, weil quantitative Vergleichbarkeit („So viele Platten stehen in meinem, so viele in deinem Schrank") oder qualitative Urteile („Das sind meine zehn Alben für die einsame Insel") Hierarchien konstruieren („Die zehn meisterwarteten Alben des Sommers") oder sie verfestigen („Die 50 besten Alben der 80er Jahre").

Weil Musiklisten Übersicht schaffen, erleichtern sie die Kommunikation über ein ständig in Veränderung befindliches kulturelles Feld. Dabei homogenisieren sie jedoch das Heterogene, und eigentlich steht der von ihnen kommunizierte Ordnungsgeist in deutlichem Widerspruch zu unserem Verständnis von Musik als Kunstform: Wenn jedes Stück Musik, das uns lieb und teuer ist, so einzigartig ist, wie wir es gerne glauben – warum lässt es sich dann mit anderen seiner Art so einfach in kalte, nackte Zahlen überführen? Weil Listen eben auch von knallharten wirtschaftlichen Realitäten geformt werden. Charts beispielsweise beziehen ihre Legitimität daraus, in ständiger

Referenz aufeinander Veränderungen darzustellen. Dahinter steht die Vermutung, dass das Publikum sich um die Beliebtheit von diesem oder jenem Song schert. Oder eben doch die Hoffnung, dass jedes Ranking als Empfehlung verstanden wird und das, was populär ist, noch populärer wird. Ohne Listen kein Pop.

Weil dem aber so ist, dokumentieren und inventarisieren Listen in der Musik noch viel mehr als bloße Fakten oder persönliche Präferenzen. Kulturelle Ereignisse und die damit verknüpften sozialen Bewegungen, technologischen Entwicklungen, ökonomischen Fluktuationen – all das lässt sich im vergleichenden Blick auf ein paar Listen herauslesen. Ob dank eines erfolgreichen Freddie-Mercury-Biopics Ende 2018 nach Jahrzehnten wieder „Bohemian Rhapsody" in die Charts einsteigt oder N.W.A.s „Fuck tha Police" die Hitparaden der Streaming-Welt erobert, als im Sommer 2020 die Black-Lives-Matter-Bewegung gegen Polizeigewalt auf die Straße geht: Beides beweist, dass Listen einen Zeitgeist widerspiegeln – ob nun die neu entfachte kollektive Begeisterung für pompigen Prog-Rock oder soziopolitische Frustration, die sich in einem Stück Musik Bahn bricht. Musiklisten sind immer auch Psychogramme, von einzelnen Menschen ebenso wie von ganzen Kulturen und Gesellschaften.

So wie sich der Zeitgeist ändern kann, hat sich die Form der Liste immer wieder gewandelt und tut das weiterhin. Denn ihre Beschaffenheit hängt von technologischen Gegebenheiten ab: Was früher als Kanon erst mündlich übertragen wurde, wird bald überwiegend gedruckt und scheint daher unveränderlich, so lange zumindest, bis Listen digital und damit jederzeit wandelbar werden. Sie sind so eben nicht allein Dokumente, sondern auch selbst Katalysatoren kultureller Umwälzungen.

Die ubiquitärste Form der Musikliste im 21. Jahrhundert ist die Playlist, immer mehr Musik wird über sie statt über klassische Formate wie das Album, die EP oder die Single gehört. Wie die physischen Tonträger vor ihr hat sie das Musikmachen als solches, aber auch unsere Wahrnehmung verändert. Sie ist dynamisch, personalisiert, von Woche zu Woche und von User zu Userin verschieden, wird durch ihre (Ab-)Spielbarkeit definiert, wie bereits der Name verrät: Sie ist nicht allein Dokument, sondern auch Medium. Und Medien formen Musik, wie Listen allgemein Kultur formen.

Die LP mit ihrer Bespielbarkeit von knapp einer Dreiviertelstunde Musik bedingte beispielsweise, dass sich ein bestimmtes

Konzept des Albums als kohärente Erzählung ausprägte. Mit der Playlist aber können Konsument*innen selbst kreativ oder zumindest zu Kurator*innen werden, Musikstücke neu nach ihrem eigenen Willen anordnen, Songs aus ihren Kontexten reißen und in neue überführen. Dies gilt aber nicht nur für Konsument*innen, sondern ebenso für Firmen, die Streaming-Plattformen mit ihren Playlist-Redaktionen sowie selbstverständlich auch für die Musiker*innen selbst.

Kanye West beispielsweise veränderte nach dem ursprünglichen Release des Albums *The Life of Pablo* im Jahr 2016 wiederholt dessen Tracklist oder tauschte die Stücke gegen abgeänderte Versionen ihrer selbst aus. So reflektiert und bedingt die Playlist als eine Form der Musikliste, als Medium-für-sich und als Spannungsfeld, auf dem persönliche Präferenzen (meine liebsten Kanye-Songs) mit künstlerischen Entscheidungen (Kanyes liebste Kanye-Songs) und musikindustriellen Interessen (die vom jeweiligen Streaming-Dienst als am verwertbarsten eingestuften Kanye-Songs) konkurrieren, umfassende Veränderungen in der Rezeption, aber auch Produktion von Musik. Nur wie ist sie überhaupt so geworden?

Musiklisten lassen sich auf sehr alte Praktiken zurückverfolgen, auf die Repertoires fahrender Musiker*innen beispielsweise, auf die Liedertafeln im christlichen Gottesdienst oder noch viel weiter. Es handelt sich bei diesen Vorformen lediglich buchstäblich um Playlists *avant la lettre*, denn mit dem Buchdruck findet das Playlisting als Kulturtechnik überhaupt erst seinen Anfang, wird in Form von Listen archiviert und katalogisiert. Ab dem 16. Jahrhundert werden erstmals Kompendien von Partituren gedruckt und verkauft, bereits im 18. und 19. Jahrhundert werden Sammlungen solcher Art aktiv spielbar: Die Drehorgel und das Pianola sowie die Jukebox basieren auf einer zu jeweils unterschiedlichen Graden automatisierten Wiedergabe vorab selektierter Musik. Das verspricht dem Publikum mehr Möglichkeiten des Selbstausdrucks. Denn ob in der Salonkultur oder im Saloon – es muss sich niemand mehr ein Streichquartett ins Haus laden, um Geschmack zu beweisen. Das richtige Gerät mit der richtigen Auswahl von Musikstücken tut's auch.

Und was genau heißt das eigentlich: die richtige Musikauswahl? Darüber entscheiden erst die Verlage und ab Anfang des 20. Jahrhunderts zunehmend die nackten Zahlen. Denn je mehr Musik als Ware erhältlich ist, desto wichtiger wird deren Selektion und ihre Bewertung. Als die US-amerikanische Zeitschrift *Variety* die allerersten

Charts abdruckt, sind diese noch nicht als Rankings angelegt. Mit der Einführung der „Single Charts" im 1952 gegründeten britischen Magazin *New Musical Express* und den drei Jahre später folgenden „Billboard 100" wird das aber zur neuen Norm. Vermeintlich sachliche Ordnungsprinzipien weichen Darstellungen ökonomischer Sachverhalte. Denn nicht etwa wird in Charts aufgeführt, wie oft ein Stück de facto gehört wird. Sondern lediglich, wie oft es gekauft wird.

Und je mehr verkauft wird, desto mehr wird verkauft. Denn Charts geben zwar vor, die Beliebtheit bestimmter Musikstücke mit statistischer Strenge wiederzugeben, funktionieren aber im selben Zug nach der Logik des sogenannten *bandwagon effect*: Populäres wird in der Regel populärer, wenn es als solches erkannt und herausgestellt wird. Weshalb Charts nicht nur er- und vermitteln, was gerade populär ist, sondern zugleich auch definieren, was das überhaupt heißt, Popularität.

Aus den Charts speisen sich deshalb die Playlists, in denen die Programme des aufkommenden Radios festgeschrieben werden und deren Gestaltung sich im selben Zug auf die Charts auswirkt. Eine Single kann beispielsweise auf einem Radiosender bekannt gemacht und von anderen aufgegriffen, anschließend vom Publikum gekauft und damit in die Charts gehoben werden, weshalb der Song vermehrt im Radio gespielt wird – ad infinitum, oder zumindest ad nauseam. Denn hängt ein Song erst einmal allen wieder zum Hals raus, verschwindet er aus den Radio-Playlists und Charts. Jacques Attalis These, nach der die Musikindustrie sich nicht der Produktion eines Angebots, sondern vielmehr der Nachfrage selbst verschrieben hätte, zeigt sich in diesen bizarren Feedback-Schleifen mit aller Deutlichkeit.[2]

Dass die Musikindustrie nämlich just solche Effekte aktiv lostreten möchte, wird spätestens 1960 offenbar, als in den USA ein Gesetz gegen das sogenannte „Payola", die systematische Bestechung von Radio-DJs und Programmredaktionen durch Musiklabels und ihre Vertreter*innen, erlassen wird. An dessen Stelle treten kaum weniger zwielichtige, immerhin aber (einigermaßen) legale Bemühungen seitens der Plattenfirmen, ihre Songs in den Playlists der Sender unterzubringen, weshalb Promotion als Betriebszweig

---

2   Vgl. Jacques Attali, *Noise. The Political Economy of Music*, übersetzt von Brian Massumi, Minneapolis/London: University of Minnesota Press, 1985, S. 103.

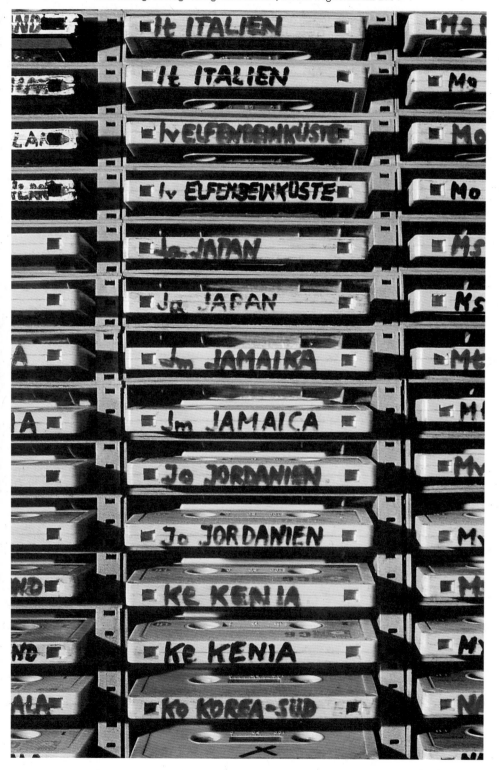

wächst und gedeiht. Formen dieses „institutionalisierten Payola"[3] sind immer noch von Relevanz, die Charts allerdings zunehmend weniger – zumindest für ein Publikum, das selbst aktiv werden kann und in die Gestaltung dessen involviert ist, was als populär verstanden wird, und wie dementsprechend Popularität definiert wird.

Wie das Radio ist die Schallplatte ein Medium, das zum weitgehend passiven Konsum verdammt: Aufstehen, umdrehen, Nadel aufsetzen, mehr lässt sich kaum selbst einbringen. Denn auch die Tracklists von LPs sind genauso wie die Playlists der Radioprogramme von der Musikindustrie festgelegt und folgen dabei zuerst einmal ökonomischen Logiken. Bevor das Album zur Kunstform erhoben wird, handelt es sich um nicht mehr als eine physische Auflistung von diskreten Stücken, die weniger unter künstlerischen denn unter wirtschaftlichen Aspekten aggregiert werden. Das Best-of beispielsweise richtet sich an die gelegentlichen Hörer*innen, während echte Fans mit bisher unveröffentlichtem Bonusmaterial oder einfach nur dem Versprechen der Bequemlichkeit, wirklich alle ihre Lieblingsstücke in einem Zug hören zu können, angelockt werden. Maximale Wertschöpfbarkeit. Erst ab den 1960er Jahren setzt sich das Album als die monolithische Kunstform durch, die sie lange bleiben soll.

Je ubiquitärer und vordergründig relevanter Listen in ihren verschiedenen Formen in der Musikindustrie werden, desto mehr werden sie zum Fetisch des Publikums. Ob aber die Setlists von Konzerten, die im besten Falle die Aura des Dabeigewesenseins umweht, die Playlists von wichtigen Radio-Shows, die mit einem Ohr mitverfolgt werden, oder redaktionell erstellte Bestenlisten, die ihr Kapital aus dem coolen Wissen von diesem oder jenem Popmagazin beziehen: Die Listen, die bis weit ins 20. Jahrhundert hinein von der persönlichen Musikerfahrung Zeugnis ablegen und sie zugleich formen, machen aus den Hörer*innen in erster Linie passive Konsument*innen.

Jedem Medienwandel ist das Versprechen einer Demokratisierung, wenn nicht sogar Ermächtigung eingeschrieben, ein Zugewinn von Deutungshoheit über die Ordnung der Musikdinge. Mit der flächendeckenden Einführung des Walkmans durch das Unternehmen Sony im Jahr 1979 findet eine weitere dieser Umwälzungen

---

3   So bezeichnete es Fredric Dannen in seiner Chronik der US-amerikanischen Musikindustrie ab den 1950er Jahren. Fredric Dannen, *Hit Man. Makler der Macht und das schnelle Geld im Musikgeschäft*, übersetzt von Peter Robert, Frankfurt am Main: Zweitausendeins, 1998, S. 25.

statt. In seinem Essay *Der Walkman-Effekt* weist Shuhei Hosokawa indes auf die damit einhergehende „Devolution"[4] hin: „Er repräsentiert eher eine funktionale Reduktion, einen technologischen Rückschritt",[5] sagt er dort von dem tragbaren Wiedergabegerät. Dabei übergeht der Autor, dass sich rapide eine neue Kulturtechnik herausbildet. Einzelne Stücke werden aus dem Radio, von Schallplatten oder der im selben Jahr entwickelten Compact Disc in einer bestimmten Reihenfolge auf Band überspielt, die beispielsweise nach thematischen Aspekten oder nach musikalisch-ästhetischen Parametern arrangiert werden. Die Hörer*innen generieren ihre eigenen Zusammenstellungen und nehmen die Ergebnisse mit, wohin sie wollen. Das Mixtape ist nicht nur selbsterstellte Liste, sondern zugleich auch spielbar – eine Playlist.

Mit der Verbreitung der CD und später des CD-Brenners beziehungsweise der CD-ROM in den 1990er Jahren intensiviert sich diese private und personalisierte Form von Playlisting weiter. Das MP3-Format wird im Jahr 1993 veröffentlicht und verändert schon bald die Distribution und den Konsum von Musik auf Desktop-Computern. Musik wird dematerialisiert, downloadbar und das Internet mehr und mehr zum Verbreitungsmedium von Audioinhalten. Mit dem Multimedia-Framework QuickTime des Unternehmens Apple sowie dem Real Audio Player von RealNetworks wird der Rund-um-die-Uhr-Zugriff auf Audiodateien ermöglicht. Audioinhalte werden gleichermaßen *on demand* wie *live* verfügbar und ermöglichen somit eine Form von Personalisierung, wie sie das Radio nicht bieten kann. Das Publikum emanzipiert sich zumindest zum Teil von dessen Playlists und Popularitätsdefinitionen. War das Mixtaping für den Walkman oder das heimische Kassettendeck noch an die physischen Limitationen des Tonträgers gebunden, wird Musik in Programmen wie dem 1997 ausgerollten Media-Player Winamp auf theoretisch unendlich verschiedene Weisen rekombinierbar. Die Zeiten der stofflichen Verknappung sind vorbei, eine Logik des Überflusses beginnt zu wuchern.

Auch die Industrie muss auf den technologisch-kulturellen Paradigmenwechsel reagieren, weil sie darüber in ökonomische Be-

---

4   Shuhei Hosokawa, *Der Walkman-Effekt*, übersetzt von Birger Ollrogge, Berlin: Merve, 1987, S. 14.
5   Ebd.

drängnis gerät. Nachdem das Unternehmen Liquid Audio ab dem Jahr 1996 erstmals Musik als Audiodateien verkauft, bauen sich plötzlich alternative Distributionswege auf. Zwei Jahre nach mp3.com geht im Jahr 1999 Napster online. Über das Peer-to-Peer-System zirkuliert unreguliert Musik zwischen einzelnen User*innen. War die sogenannte Piraterie von Musik bisher noch an physische Formate gebunden und dementsprechend umständlich, ermöglicht die Dematerialisierung und Kopierbarkeit von Musikstücken im File-Format nunmehr deren unproblematische und unreglementierte Distribution über das Internet. Das Resultat dieser neuen *sharing economy*: Die Tonträgerverkäufe brechen ein.

Ein Lichtblick scheint der im Jahr 2003 von Apple ausgerollte iTunes Store zu sein, dessen Angebot deutlich auf das veränderte Konsumverhalten reagiert. Dort nämlich ist Musik entweder in traditionellen Formaten wie dem Album oder der EP oder jedoch „unbundled"[6], das heißt als einzelne Songeinheit, käuflich zu erwerben. Mit der Einführung des iPods hatte dasselbe Unternehmen überdies zwei Jahre zuvor ein Gerät vorgestellt, das in seiner Konzeption an die neue Rezeptionshaltung angepasst war und eine Organisation von Musik der Einzelfiles in Form von Playlists durch die Konsument*innen erlaubte. „I wasn't consuming music so much as curating it, and the iPod had brought out the anorak in me; I was becoming an organiser, an alphabetiser"[7] jubelt Dylan Jones im Jahr 2005 in seinem Buch *iPod, Therefore I Am*.

Mehr noch als das klassische Mixtape ist die selbstkuratierte iPod-Playlist dynamisch. Doch wie die technologische Devolution durch den Walkman neue kulturelle Entwicklungen mit sich brachte, stößt die neue Technologie nicht unbedingt einen kulturellen Fortschritt an. „I had my own canon, one built on experiences I had when I was back in my teens, when, if I chose to, I would play an album until I liked it, no matter how insubstantial it was",[8] schreibt Jones weiter und bringt damit zum Ausdruck, dass zwar das Hörverhalten neue Wege betritt, diese aber in die kulturelle Vergangenheit führen. Die Liste wird zum Containermedium der eigenen Vergangenheit, zum

---

6   Alan B. Krueger, *Rockonomics. What the Music Industry Can Teach Us About Economics (and Our Future)*, London: John Murray, 2019, S. 197.

7   Dylan Jones, *iPod, Therefore I Am*, London: Phoenix, 2005, S. 19.

8   Ebd., S. 21.

autobiografischen Selbstausdruck, der entweder über den iTunes Store mit anderen geteilt und von ihnen bewertet und heruntergeladen werden kann, oder aber im eigenen Konsum nur umso mehr den eigenen Geschmack zementiert: Der Überfluss bedingt eine Nostalgie für Zeiten der Verknappung, obwohl spielerisch-rekombinatorisch mit dem Material umgegangen wird.

Im Jahr 2011 blickt der Musikjournalist Simon Reynolds pessimistisch auf das vorangegangene Jahrzehnt zurück und attestiert der Popkultur, an einer *Retromania*, so der Titel seines Buchs, zu leiden. Das Mash-up ist eine Form von Kulturproduktion, die auf die neue Rezeptionserfahrung per Playlist antwortet: Wenn schon der Shuffle-Modus des iPods nahtlos von Whitney Houstons *I Wanna Dance with Somebody (Who Loves Me)* zu Cindy Laupers *Girls Just Want to Have Fun* übergeht, warum nicht beide gleich übereinander mixen und es *Girls Just Wanna Dance* nennen? Das Resultat dieser Rekombination von Popgeschichte führe zu einer Verflachung der Differenzen, lamentiert Reynolds. Verloren geht die Signatur der Jetztzeit – der Sound der Gegenwart. Während das Mixtaping noch durch eine technologische Devolution ermöglicht wurde, bedingt der technologische Fortschritt des iPods nun eine kulturelle. Hinzu kommt, dass, mit dem iTunes Store angefangen, die Industrie ihre Deutungshoheit zurückgewinnt. Die dort angebotenen Playlists sind thematisch und etwa nach Jahreszeit oder zu bestimmten Anlässen wie Halloween bestückt oder werden sogar von Firmen kuratiert, die ihre Präsenz anders als noch zuvor im Radio durch kuratorisch-kreative Leistungen bemerkbar machen. Während die Hörer*innen selbst fleißig Playlists mit dem Soundtrack ihres Lebens zusammenstellen, um diese mit anderen zu teilen, findet die Industrie erneut einen Weg, um aus der neuen Tendenz Profit zu schlagen. Auch der Verkauf von Musik als ganze Playlists über den iTunes Store begegnet dem Trend, dass der Konsum durch zunehmendes *unbundling* gezielter ausfällt und somit die Gewinnmargen der Plattformen, Labels und Rechteinhaber*innen durch das veränderte Konsumverhalten merklich niedriger ausfallen.

Es nimmt daher nicht wunder, dass Apple bald versucht, dank algorithmengesteuerter Einwirkung vermehrt automatisierte Kaufimpulse zu geben, wie sie zu dieser Zeit etwa der Online-Marketplace Amazon bereits perfektioniert hatte: Im Jahr 2008 wird ein Feature namens „Genius" ausgerollt, das auf Grundlage der iTunes-Library

ROCK & ROLL

"TEQUILA"
THE CHAMPS / SANTO & JOHNNY
"SLEEPWALK"

"EARTH ANGEL"
THE PENGUINS
"HEY SENORITA"

O KNOW HIM IS TO LOVE HIM"
THE TEDDY BEARS / DONNY BROOKS
"MISSION BELL"

"BALLAD OF A TEENAGE QUE
JOHNNY CASH / ROY ORBISON
"OOBY DOOBY"

"A TEENAGER IN LOVE"
ION & THE BELMONTS / THE CLOVERS
"LOVE POTION #9"

"HOUND DOG"
ELVIS PRESLEY
"DON'T BE CRUEL"

"SHAKE, RATTLE & ROLL"
BILL HALEY & THE COMETS
EE YOU LATER ALLIGATOR"

"ROCKIN' ROBIN"
BOBBY DAY / ERNIE FIELD
"IN THE MOOD"

"IT'S NOW OR NEVER"
ELVIS PRESLEY
"A MESS OF BLUES"

"GET A JOB"
THE SILHOUETTES
"I AM LONELY"

von Konsument*innen Empfehlungen vorgibt. Die Charts mit ihrem Gesamtheitsanspruch und ihrer Deutungshoheit über das Verständnis von Popularität werden unwichtiger, der Trend geht immer weiter zur Personalisierung. Das heißt auch zu mehr Überwachung und Auswertung von Datensätzen, die von bisweilen nichtsahnenden User*innen extrahiert werden.

Die Grundsteine für eine Datifizierung von Download-Shops beziehungsweise Streaming-Plattformen wurden schon zuvor gelegt. Der im Jahr 2000 gelaunchte Service Pandora implementiert schon Anfang des Jahrzehnts das Music Genome Project, das die genaue Auswertung von Musik nach bestimmten Parametern wie Tempo, dem Geschlecht von Sängerin oder Sänger und beispielsweise dem verwendeten Lead-Instrument ermöglicht. Das ähnelt einerseits den sogenannten Smart Playlists, die iTunes seinen Nutzer*innen zur Verfügung stellte und die es ihnen erlaubten, aus ihren Librarys heraus nach allen möglichen Parametern wie beispielsweise Genre oder sogar Songlänge automatische Playlists zu generieren. Personalisierung qua Kategorisierung.

Andererseits weist Paul Allen Anderson in seinem Aufsatz „Neo-Muzak and the Business of Mood" darauf hin, dass das Unternehmen Muzak für seine Programmierung von Radio-Shows und als Hintergrundmusik für Nicht-Orte des Konsums eine ganz ähnliche Indexierung von Musik vorgenommen hatte.[9] Das Playlisting von Muzak soll einerseits die Produktivität von Fabrikarbeiter*innen stimulieren oder beispielsweise in Warenhäusern eine friedlich-freundliche Atmosphäre simulieren. Eine Wirkungsabsicht, die sich mit dem Siegeszug von Streaming verstärkt. Maßgeblich dafür ist ein schwedisches Unternehmen: Spotify.

Derweil Pandora anfangs noch einer aus dem Radio bekannten „lean back method"[10] folgt, präsentiert sich Spotify seit seinem Launch 2008 zuerst als „lean forward"-Plattform:[11] eine „Celestial

---

9　　Vgl. Paul Allen Anderson, „Neo-Muzak and the Business of Mood", *Critical Inquiry* 41 (2015), S. 811–840, hier S. 823.

10　　Marc Hogan, „Up Next: How Playlists Are Curating the Future of Music", *Pitchfork* (16.7.2015), https://pitchfork.com/features/article/9686 -up-next-how-playlists-are-curating-the-future-of-music/, abgerufen am 19.7.2020.

11　　Ebd.

Jukebox"[12], in der Hörer*innen jederzeit ohne Einschränkungen stöbern können. Das Versprechen ist ein doppeltes: Hörer*innen wird die Entdeckung neuer Musik und Musiker*innen das Entdecktwerden in Aussicht gestellt. Playlist-Funktionen werden zwar von Anfang an von Spotify angeboten, rücken aber erst ab Ende 2012 in den Fokus. Der Grund dafür? Überüberfluss. Obwohl die Nutzer*innen eifrig damit beschäftigt sind, ihre eigenen Playlists zu erstellen und sie im Sinne eines sozialen Netzwerks miteinander zu teilen, reißt die Plattform bald schon die Vorherrschaft über die Praxis an sich.

Denn der Überfluss des digitalen Raums muss künstlich verknappt werden, um die Konsumierbarkeit und damit die Wertschöpfung durch die Plattformen zu erleichtern. Wie zuvor der iTunes Store setzt auch Spotify immer mehr auf redaktionell erstellte Playlists, und es kommt ab dem Jahr 2012 zu einem „curatorial turn"[13] in der Strategie des Unternehmens, wie es die Autor*innen von *Spotify Teardown* ausdrücken: „This meant that Spotify began to transform itself from being a simple *distributor* of music to the *producer* of a unique service."[14] Der Akt der Kuration selbst wird zur Ware, die von den User*innen konsumiert wird, die Playlist zur Metaware.

Wieder kommt es zu einer Art kultureller Devolution mittels technologischen Fortschritts: Nach dem Kauf des Musikintelligenz-Unternehmens Echo Nest im Jahr 2014 führt Spotify wenig später die sich wöchentlich ändernde, auf das Verhalten von Einzelpersonen zugeschnittene Playlist „Discover Weekly" ein. Das Feature trägt maßgeblich zur Popularität der Plattform bei, weil es zugleich Personalisierung und Bequemlichkeit verspricht – ein Mixtape, das nicht selbst überspielt werden muss, und das zumindest in der Theorie Woche um Woche genau den richtigen Nerv trifft. Gefüttert werden die Empfehlungsalgorithmen aus Datensets, die weit über fixe Parameter wie Alter, Geschlecht und anderen hinaus das Verhalten der Nutzer*innen aufzeichnen. Die Rezipient*innen leisten beim

---

12   Geprägt wurde der Begriff bereits im Jahr 1994 von Paul Goldstein, auf
      Spotify und andere Streaming-Plattformen wurde er schon von anderen
      angewendet. Vgl. u. a. Stephen Schultze, „Is Spotify the Celestial Juke-
      box for Music?", *Freedom to Tinker* (18.9.2012); online: https://freedom
      -to-tinker.com/2012/09/18/is-spotify-the-celestial-jukebox-for-music/,
      abgerufen am 19.7.2020.
13   Ebd.
14   Ebd.

Konsum zugleich eine neue Form von digitaler Arbeit, indem sie ihr Verhalten offenlegen, das wiederum ausgewertet wird und somit die Grundlage für neue Empfehlungen (und selbstverständlich auch Werbung) bietet. Doch ist diese Form von Empfehlung zwar personalisiert, nicht aber unbedingt persönlich: Menschen werden als dynamische Datensätze vergleichbar gemacht und beugen sich nicht mehr über eine himmlische Jukebox, sondern sich selbst zurück und lassen sich berieseln. Das „Discover Weekly" eingeschriebene Entdeckungsversprechen sollte vielmehr als *nudging* verstanden werden, wie es im Überwachungskapitalismus üblich ist.[15] Von „lean forward" kann da keine Rede mehr sein. Die Playlist etabliert eine Form der sanften Unterordnung unter die von ihr definierten Ordnungsprinzipien.

Ob Apple mit dem Dienst Beats den Fokus auf angeblich von prominenten Persönlichkeiten handausgewählte Playlists legt oder Spotify seine Zusammenstellungen an bestimmte Momente, Gefühle und Aktivitäten anpasst: Playlists greifen die emotionale Behaftung auf, die Listen seit dem Siegeszug der Charts und später der selbsterstellten Mixtapes anhaften. Die von Hosokawa in *Der Walkman-Effekt* gepriesenen Effekte der „Singularisierung" und der „Autonomie" kehren so unter anderen Vorzeichen zurück.

Das monopolistische Star-System, wie es seit jeher die Geschichte der Popmusik getragen hat, wird verstärkt und erweitert. Neben bekannten Musiker*innen treten sogar Politiker*innen wie Barack Obama mit ihren eigenen Playlists auf. Das bedeutet eine aufmerksamkeitsökonomische Verschiebung weg von den eigentlichen Produzent*innen der Musik hin zu den Kurator*innen und unterstreicht noch mehr, dass die Ware Musik im Streaming-Umfeld der Metaware Playlist untergeordnet wird. Zugleich findet eine Atomisierung der Hörer*innen statt, die jede Woche mit einer anderen, für sich diskreten Playlist konfrontiert werden, die ihren ganz persönlichen Geschmack abbilden soll. Oder besser: die ihn bilden soll.

Auch die Musik selbst passt sich diesen Bedingungen an, wie sie es schon zuvor bei anderen Umwälzungen wie der Einführung der LP getan hatte. Von der ausgehend hatte sich das Album als Kunstform etabliert. Im digitalen Raum aber wird dieses fragmentiert und

---

15   Vgl. u. a. Anna-Verena Nosthoff und Felix Maschewski, *Die Gesellschaft der Wearables. Digitale Verführung und soziale Kontrolle*, Berlin: Nicolai Publishing & Intelligence, 2019, S. 30-34.

Kepler

stringen.

die Einzelteile werden dekontextualisiert – mit zum Teil paradoxen Konsequenzen: Als Ed Sheeran im Jahr 2017 sein Album ÷ veröffentlicht, stehen alle 16 Songs darauf zur selben Zeit in den Top 20 der britischen Single-Charts, weil das Publikum die LP nicht nur am Stück hört, sondern auch die verschiedenen Stücke in einzelnen Playlists präsentiert bekommt.[16] Krasser noch gestaltet es sich bei der Veröffentlichung von Drakes Album *Scorpion*, wo Songs dank Deals zwischen Spotify und dem beteiligten Label prominent in sogar inhaltlich völlig sachfremden Listen wie „Best of British" aufgenommen werden. Apple bewirbt *Scorpion* sogar in Verbindung mit der Sprachassistenz-App Siri.[17] Das „Payola" des Radio-Zeitalters ist endgültig zurückgekehrt, tarnt sich aber als Personalisierung per Playlist oder Sprachassistenz.

Bisweilen läuft der Produktions- und Veröffentlichungsprozess bereits nach der dynamischen Logik der Playlist ab, wie der Fall Kanye West beweist. Manche geben das Format Album fast vollständig auf und verlegen sich auf die Veröffentlichung von Einzelstücken in hoher Taktung. Der deutsche Rapper Capital Bra etwa veröffentlicht zwar zwischen 2016 und 2019 stolze vier Alben, ab 2018 aber primär Singles, die zum Teil erst später oder gar nicht auf Alben erscheinen. Einerseits überlässt das den Fans die Aufgabe, sich ihre persönlichen Best-ofs als Playlist zusammenzustellen, andererseits führt dies zu einer Devolution des Albums zur Compilation, wie es sich vor dem Siegeszug des Albums-als-Kunstwerk ab den 6oer Jahren gestaltete.

Wirtschaftliche Sachzwänge geben also mehr und mehr den Ton an, und das wirkt sich auf ein immer aufmerksamkeitsheischenderes Songwriting aus, das in den ersten 30 Sekunden eines Stücks eine Art „executive summary"[18] des Kommenden liefert, wie es Songwriter Charlie Harding ausdrückt. Warum? Um zu vermeiden, dass die Songs

---

16   Vgl. Laura Snapes, „Ed Sheeran has 16 songs in the Top 20 – and
      it's a sign of how sick the charts are", *The Guardian* (10.3.2017); online:
      https://www.theguardian.com/music/musicblog/2017/mar/10/ed
      -sheeran-has-16-songs-in-the-top-20-and-its-a-sign-of-how-sick
      -the-charts-are, abgerufen am 19.7.2020.
17   Vgl. Krueger, *Rockonomics*, S.182.
18   Marc Hogan, „Uncovering How Streaming Is Changing the Sound
      of Pop", *Pitchfork* (25.9.2017); online: https://pitchfork.com/features
      /article/uncovering-how-streaming-is-changing-the-sound-of-pop/,
      abgerufen am 19.7.2020.

im Playlist-Umfeld geskippt werden – denn erst nach 30 Sekunden Spielzeit werden Tantiemen ausgeschüttet. Es erzeugt sogar einen eigenen Sound, denn analog zum Mash-up-Phänomen des vorigen Jahrzehnts entstehen ausgehend von der neuen Rezeptionsform distinkte ästhetische Parameter. Die Playlist definiert wie vormals die Charts unter ökonomischen Gesichtspunkten, was Popularität überhaupt bedeutet und was populär ist beziehungsweise wie die entsprechende Musik klingt. Wie „Spotify-Core" nämlich: „[m]uted, mid-tempo, melancholy pop, a sound that has practically become synonymous with the platform",[19] schreibt die Musikjournalistin Liz Pelly. Die Playlist ist nicht nur die neue Ware des Streamings, sie bringt sogar ihren eigenen Sound hervor. Wie lässt sich das mit einer Personalisierung, mit einer aktiven Einbringung der Hörer*innen vereinbaren?

Wohl gar nicht. Auch das doppelte Versprechen der Entdeckung und des Entdecktwerdens kann darüber nicht eingelöst werden. Die Gestaltung und die Konsumweise der Playlist zwingt Künstler*innen immer mehr dazu, sich den neuen Gegebenheiten anzupassen, während Playlists ihre Musik den Hörer*innen weitgehend ohne viel beigegebene Informationen präsentieren. Streaming-Plattformen werden deshalb oft dafür kritisiert, das von physischen Produkten wie Schallplatten oder CDs mitgelieferte Kontextualisierungangebot in Form von Artwork oder Linernotes nicht oder zumindest nicht vollumfassend abzubilden. Das ist als Argumentation nicht nur reaktionär, weil es sich nach alten Ordnungssystemen zurücksehnt, sondern auch nicht ganz korrekt. Denn Playlists schaffen ganz eigene Kontexte für ihr Publikum, indem sie im Streaming-Umfeld zum (Selbst-)Optimierungsinstrument werden, das zur Regulation des Gefühlshaushalts eingesetzt wird, als handle es sich um eine Droge: ein Upper in Form der „Beast Mode"-Playlist morgens zum Wachwerden, ein Downer mit „Ambient Chill" nach Feierabend zum Ausklingen. Wurde das Mixtape noch als Ausdruck der eigenen Persönlichkeit verstanden, wird die Playlist nun verwendet, um einen Eindruck auf dem eigenen Gemüt zu hinterlassen.

So decken Plattformen wie Spotify durch ihre Playlists nicht etwa einen Bedarf, sondern produzieren ihn erst, wie Attali es Ende der

---

19   Liz Pelly, „Streambait Pop", *The Baffler* (11.12.2018); online: https://thebaffler.com/downstream/streambait-pop-pelly, abgerufen am 19.7.2020.

1970er angesichts der Kulturindustrie im Allgemeinen beobachtete.
„Music is prophecy", schrieb er in *Bruits*, seinem Buch über die politische Ökonomie der Musik. „Its styles and economic organization
are ahead of the rest of society because it explores, much faster than
material reality can, the entire range of possibilities in a given code."[20]
In der Geschichte der Playlist wird Musik in einer Warenform auf-
gelöst und zugleich reaggregiert, in eine Metaware eingepasst, die
selbst ständig in dynamischer Veränderung ist und ihre eigene Zukunft aus der Vergangenheit ihrer Hörer*innen antizipiert. Sie verein-
zelt ihre Hörer*innen, indem sie sie und die von ihnen konsumierte
Kulturproduktion homogenisiert, und führt damit Prozesse weiter,
die lange vor ihrer Entstehung angestoßen wurden. Sie erfreut sich
als Form und Medium weiterhin steigender Beliebtheit bei den
Konsument*innen, deren Verhalten sie registriert und, wie manche
befürchten, auch zunehmend lenkt. Die Playlist schafft Ordnung über
diejenigen, die durch sie Musik erfahren, sich selbst ausdrücken oder
sich durch sie bessern wollen.

20   Attali, *Noise*, S. 11.

THE RECOMMENDER

Music and more to check out   **This week: Alan Donohoe, The Rakes**

WHAT I'M LISTENING TO RIGHT NOW

1 Jamie Lidell
Music Will Not Last
"This is my favourite on the album because it's most like his live show."

2 Bassomatic
Fascinating Rhythm
"It starts with a soul diva singing and kicks in with old-school piano-house."

3 Bloc Party
So Here We Are
"I'm into Bloc Party's slower stuff."

4 Amerie
1 Thing
"This is really sharp, catchy and bold."

5 J-Kwon
Tipsy
"The subject matter is about him getting drunk. I can relate to that."

6 Puccini
Humming Chorus from Madame Butterfly
"I'm not into opera really – I find it a bit irritating, not this one though."

7 Franz Ferdinand
Do You Want To
"They've exceeded themselves!"

8 David Bowie
Heroes
"We've tried to rip off this period of Bowie."

9 Rufus Wainwright
Oh What A World
"As philosophical as you can be in a song without going too Radiohead."

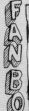

10 TTC
Dans Le Club
"French hip-hop so I don't understand the lyrics. I hope they aren't dodgy."

It's a *wonderful world* – just ask Louis Armstrong

MY FAVOURITE NEW BANDS

Lidell: an experimental supermarket where shop staff are shadows – but still the same great value!

Jamie Lidell

"After The Rakes, his is probably the best live show I've seen! I saw him play this drum'n'bass do with Squarepusher a while ago. I'd never heard of him before but as soon as he came on, he stole the show and since then I've tried to go and see him when I can. I guess I'd describe his sound as somewhere between techno and Motown. It's crazy but also pleasant on the ear. And it's definitely pushing things forward – it's not retro in any way which is refreshing. He's different live to on-the-record as he's always got loads of mind-blowing visuals going on."

The Go! Team

"I can hear Brighton in this – like I can imagine people into big beat getting into it. It's fresh-sounding and original. We've played with them a couple of times although in this case I prefer the album more than the live experience."

Giant Drag

"They're an American boy-girl duo – they played before us at CMJ in New York. The singer's got this great sense of humour. She did a cover of Chris Isaak's 'Wicked Game' and tried to convince everyone she'd written it."

MY BIGGEST INFLUENCE

Grolsch

"It helps us to make some decent tunes. I like to think it helps make our shows more fun too. I mean, we don't get completely trashed because then I wouldn't be able to remember any lyrics, but it definitely helps me dance onstage."

A GUILTY PLEASURE

Daniel Bedingfield

"Matthew [Rakes guitarist] was saying Jamie Lidell reminded him of Daniel so I put on an acoustic version of 'Gotta Get Thru This' to prove him wrong. Instead, I realised it had a good melody."

OTHER STUFF

FILM Old School
"I tried to rack my brains and think of something that changed my life but I couldn't, so I'll say this dumb, drunken college one with Snoop Dogg in."

BOOK The Unbearable Lightness Of Being, by Milan Kundera
"There are some bits that are gross where he's describing explicit sex, and other philosophical bits where he talks Nietzsche – a bit like our album."

DVD The Office
"We must be boring – we quote David Brent all the time. In the DVD you get to see Gareth in tight cycling shorts."

What if Franz's influences WEREN'T cool!?!

FANBOY

FISH FINGER SARNIES
My favourite food. I got the recipe from a Naked Chef cookbook. Jamie says to squash the sandwich a little to make it taste better – it just does! pukka.

LENNY HENRY
Best. Comedian. Ever. Did you ever see that sketch where he plays a school girl? changed my life

JOHN MAJOR Not so much his politics but more his state of mind. One word – STYLE.

LLEWELYN-BOWEN
His art. Not his TV work. It's underground. Bob's art teacher told him never to use gold or silver. Lawrence rips up the rule book. He lives his life by the leaf.

POLICE ACADEMY FILMS
Especially the later ones. We love watching them repeated on channel 5. That sound FX guy invented human beat-box!
itsmountpleasant.com

Playlists und die Datifizierung
der Musikformatierung

Song und Sequenz

Der Song ist die Grundeinheit populärer Musik. Geschrieben von
einer Songwriterin, dargeboten von einem Performer, kuratiert von
einer DJ, verkauft als Single, stellt er die atomare Einheit des Musik-
universums dar. Eine Hit-Single kann neue Künstler*innen etablieren
und den Soundtrack für einen ganzen Sommer liefern. Und weil das
so ist, klingt die folgende Behauptung geradezu kontraintuitiv: Das
musikalische Hörerlebnis konzentriert sich selten auf den einzelnen Song. Stattdessen wird das Hören meist durch eine bestimmte
Aneinanderreihung von Songs geprägt; eine Reihe von Tracks, die in
verschiedenen Sequenzen arrangiert sind. Diese Abfolgen können in
Form eines Albums auf einer CD erscheinen, als Countdown einer
Hitparade im Radio, als Lieder einer Interpretin, eines Interpreten
im Shuffle-Modus auf einem MP3-Player oder bei einem Streamingdienst.[1] Selbst wenn wir einen bestimmten Ohrwurm wählen, den wir
für sich hören wollen, tun wir das oft im Repeat-Modus.

Nicht nur unser Musikerlebnis wird von der Sequenz definiert.
In seiner – heute klassischen – Untersuchung *Television: Technology
and Cultural Form* erkannte Raymond Williams ein Muster, das er
„geplanten Fluss" (planned flow) nannte und für „die entscheidende
Eigenschaft des Rundfunks" hielt.[2] Für Williams ist das eigentliche
Fernsehereignis nicht die Sendung, sondern der Programmverlauf –
die besondere Abfolge von Fernsehsendungen und Werbung, die dem
Zweck dient, Zuschauer*innen anzulocken und zu binden. Williams'
Beobachtung wirkt geradezu hellseherisch für alle, die schon einmal
ein YouTube-Video angeklickt und sich Stunden später gefragt haben,
wo ihr Abend geblieben ist.

Doch selbst wenn die Werbeindustrie nicht den Ton angibt, wird
dem „geplanten Fluss" ebenso viel Aufmerksamkeit und Sorgfalt
gewidmet. Seit den 60er Jahren haben „ernsthafte" Musiker*innen

---

1   In diesem Artikel verwende ich die Begriffe „Form" und „Format"
      im Sinne von „die Art, wie etwas angeordnet oder präsentiert wird",
      und weniger im eher technischen Sinn wie „im MP3-Format".
2   Raymond Williams, *Television: Technology and Cultural Form*, London:
      Routledge, 2003, S. 86.

LPs oder Alben aufgenommen, und diese „Langspielplatten" entwickelten sich zu einem ähnlich symbolischen Kapital wie Bücher.
Von den Beach Boys heißt es, sie hätten mit *Pet Sounds* die Vorstellung,
dass ein Album mehr sein kann als die Summe seiner einzelnen Teile,
nicht nur erfunden, sondern gleich auch noch perfektioniert.[3] Die
Sequenz spielte eine Rolle, denn „die Reihenfolge der Tracks, nicht
nur die Tracks selbst, ließ sich mit Bedeutung aufladen".[4] Wie ein*e
Autor*in einen Roman schreibt, der aus sequenziell angeordneten
Kapiteln besteht, schreiben Musiker*innen ein Album, das aus Songs
oder Tracks besteht, die eine Hörgeschichte erzählen.

Natürlich waren Hörer*innen noch nie gezwungen, sich Alben
so anzuhören, wie die Künstler*innen es beabsichtigt hatten. Wie
Devon Powers betont, entstand in den letzten Jahrzehnten des
20. Jahrhunderts eine ganze Masse von „Wechslertechnologien", die
es leichter machten, sowohl einzelne Stücke in zufälliger Reihenfolge
zu hören als auch die zeitliche Begrenzung eines Albums hinter sich
zu lassen.[5] Die Digitalisierung der Musik und das Auftauchen von
MP3-Playern sowie Apples iTunes Store schien Anfang des 21. Jahrhunderts den Sieg der Hörer*innen (im Zusammenspiel mit der all-
mächtigen Shuffle-Funktion) über die Sequenz zu bezeugen. Heute,
da digitale Downloads wieder seltener werden und Musik über
Streamingdienste konsumiert wird – Spotify und Apple Music in der
westlichen Welt, Tencent Music und MelOn im Osten –, haben sich
neue Arten der Organisation und Sequenzierung herausgebildet.
Besonders bemerkenswert ist die zunehmende Vorherrschaft der
Streaming-Playlist.[6]

---

3   Devon Powers, „Lost in the Shuffle: Technology, History, and the Idea
     of Musical Randomness", *Critical Studies in Media Communication* 31/3
     (2014), S. 250.
4   Ebd.
5   Ebd., S. 251.
6   Nach Angaben von Spotify macht das Abspielen von Playlists ungefähr
     zwei Drittel der monatlichen Content-Stunden auf der Plattform
     aus (United States Securities and Exchange Commission online,
     Form F-1 Registration Statement, Spotify Technology, S. A. 2018);
     online: https://www.sec.gov/Archives/edgar/data/1639920
     /000119312518092759/d494294df1a.htm, abgerufen am 2.7.2020.

Vom geplanten zum
programmierbaren Fluss

Zwar kann jede und jeder eigene Playlists kreieren, doch Streaming-dienste drücken ihre eigenen Versionen in den Vordergrund, auf Kosten der selbst zusammengestellten Playlists von Nutzer*innen oder Dritten. Im Gegensatz zum traditionellen Album, das bei Ver-öffentlichung unveränderlich feststeht, können Playlists unbegrenzt erstellt und ergänzt werden. Und: Anders als im Radio können die Playlists von Streamingdiensten durch das Datenfeedback der Nutzer*innen programmiert werden. So lässt sich die Hörerfahrung noch leichter formen und nach dem Baukastenprinzip verändern; der „geplante Fluss" wird optimiert, um Interesse und Bindung zu erhöhen, um sich an bestimmte Kontexte oder Hörer*innenprofile anzupassen.

Von Plattformen kuratierte beziehungsweise editierte Playlists kann man grob in zwei Kategorien einteilen: redaktionell und algo-rithmisch. In der Praxis fällt diese klassische „Mensch-Maschine-Dichotomie" jedoch in sich zusammen. Redaktionelle Playlists wie Spotifys RapCaviar werden zwar von sogenannten curators „eigen-händig erstellt", doch die Entscheidung darüber, welche Tracks hin-zugefügt, ersetzt oder verschoben werden, stützt sich hauptsächlich auf Daten und die unternehmenseigene Software.[7] Die curators von Playlists bei Spotify zeichnen dabei mithilfe eines Software-Tools namens PUMA (kurz für Playlist Usage Monitoring and Analysis) „die Performance der Playlist auf – mit farbigen Diagrammen und Grafiken, die Alterskohorte, Geschlecht, geografischen Standort, Tageszeit, Abonnementart und weitere Informationen über die Hörer*innen darstellen".[8] PUMA überwacht auch die Anzahl der Wiedergaben, das Überspringen, Herunterladen etc. einzelner Tracks einer jeden Play-list. Aufgrund dieser Daten können dann Tracks hinzugefügt oder ersetzt werden. Ganz ähnlich verwendeten die curators bei Google Play Music ein Content-Management-System namens Jamza, das die einzelnen Stücke mit einem „Song Score" bewertete – ein Bewertungs-

7   Tiziano Bonini und Alessandro Gandini, „,First Week is Editorial, Second Week is Algorithmic': Platform Gatekeepers and the Platformization of Music Creation", *Social Media + Society* 5/4 (2019).

8   Reggie Ugwu, zitiert von Liz Pelly, „Not All Spotify Playlists Are Created Equal", cashmusic.org (21.6.2017); online: https://watt.cashmusic.org /writing/thesecretlivesofplaylists, abgerufen am 7.7.2020.

modus, der durchschnittliche Spieldauer, Anzahl der Skips und / oder Likes einbezog. Jamza empfahl den curators auf der Basis der bereits ausgewählten auch neue Songs, die zu einer Playlist hinzugefügt werden sollten.[9]

In verschiedenen Interviews mit individuellen Playlist-curators betonen diese, dass die Reihenfolge der Tracks – der „geplante Fluss" einer redaktionellen Playlist – von besonderer Bedeutung ist. „Die Position in der Playlist ist entscheidend, absolut. Da sind wir total obsessiv", erklärt ein curator von Spotify.[10] Genauso sieht es ein Redakteur beim Streamingdienst Deezer: „Wenn ich Playlists zusammenstelle, verwende ich schätzungsweise die meiste Zeit auf die Reihenfolge. Man kann alle richtigen Tracks in der Liste haben, aber wenn die Abfolge nicht stimmt, wenn die Tracks hintereinander nicht gut kommen – wenn es knirscht –, dann verliert man Leute."[11]

Dieser Prozess wird durch personalisierte algorithmische Playlists für individuelle Hörer*innen – wie Spotifys Discover Weekly, Daily Mix und Your Summer Rewind – noch weiter automatisiert. Die Streamingdienste schützen zwar den genauen Aufbau ihrer Algorithmen als geistiges Eigentum, und diese Algorithmen werden auch ständig angepasst und aktualisiert, doch lassen sich einige allgemeine Erkenntnisse über ihre Funktionsweise formulieren. Aus einem älteren Artikel von Sophia Ciocca, Software-Entwicklerin bei Spotify, kann man schließen, dass algorithmische Playlists sich auf drei verschiedene Quellen und Methoden der Datenanalyse stützen: Collaborative Filtering, Natural Language Processing (NLP) beziehungsweise Computerlinguistik und Raw Audio Models.[12]

---

9   Reggie Ugwu, „Inside the playlist factory", *Buzzfeed News* (13.7.2016); online: https://www.buzzfeed.com/reggieugwu/the-unsung-heroes-of -the-music-streaming-boom, abgerufen am 7.7.2020.

10 Ciara Allen, „I create Spotify playlists for a living", *Buzzfeed News* (11.7.2017); online: https://www.youtube.com/watch?v=Ji_WfHxatoQ, abgerufen am 18.7.2020.

11 Stuart Dredge, „The New Tastemakers: A Day in the Life of a Music-Streaming Playlister", *The Guardian* (23.5.2016); online: https://www .theguardian.com/technology/2016/may/23/music-streaming-services -playlister-sam-lee-deezer, abgerufen am 18.7.2020.

12 Sophia Ciocca, „How Does Spotify Know You So Well?", *Medium* (10.10.2017); online: https://medium.com/s/story/spotifys-discover -weekly-how-machine-learning-finds-your-new-music-19a41ab76efe, abgerufen am 18.7.2020.

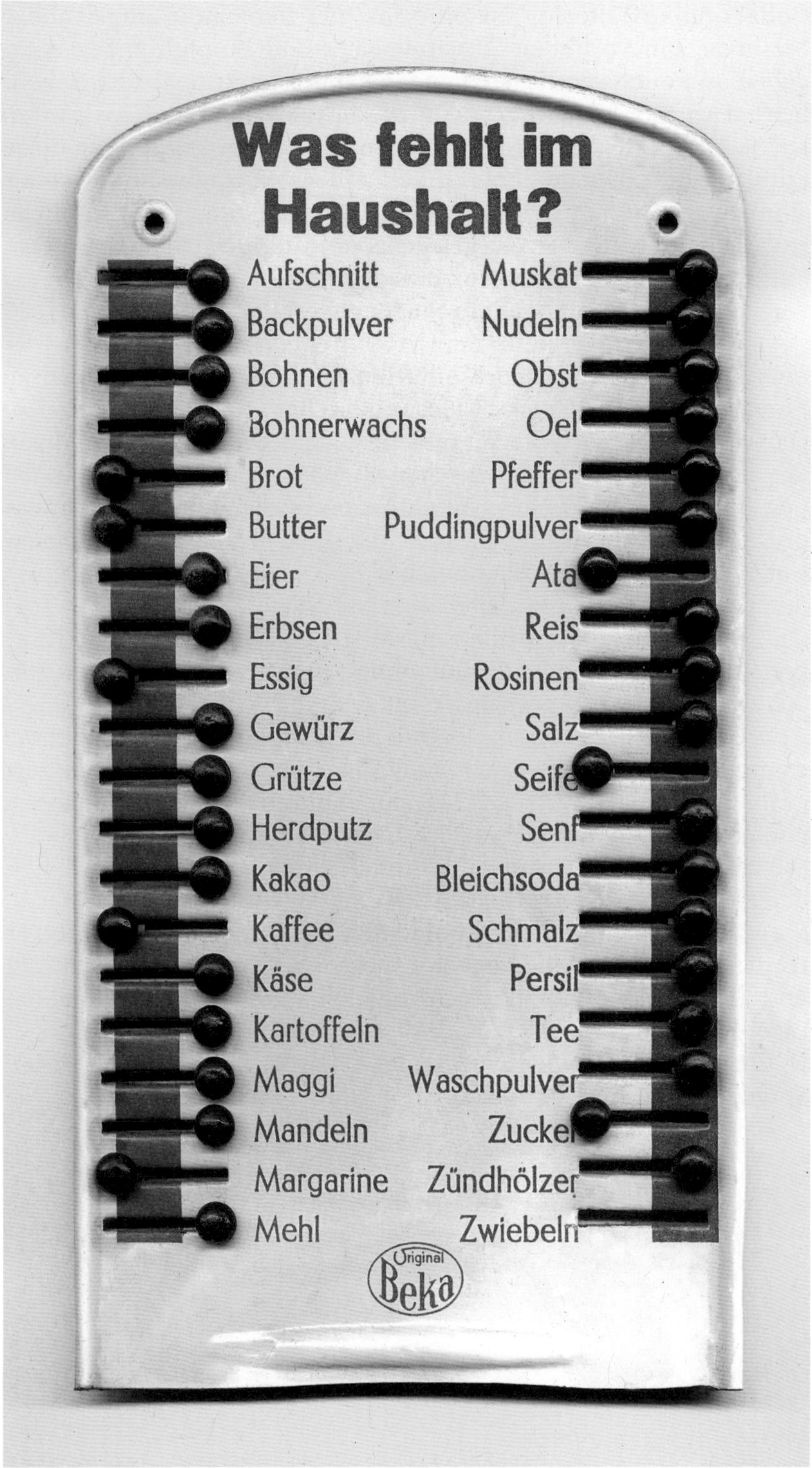
Was fehlt im Haushalt?
Aufschnitt
Backpulver
Bohnen
Bohnerwachs
Brot
Butter
Eier
Erbsen
Essig
Gewürz
Grütze
Herdputz
Kakao
Kaffee
Käse
Kartoffeln
Maggi
Mandeln
Margarine
Mehl
Muskat
Nudeln
Obst
Oel
Pfeffer
Puddingpulver
Ata
Reis
Rosinen
Salz
Seife
Senf
Bleichsoda
Schmalz
Persil
Tee
Waschpulver
Zucker
Zündhölzer
Zwiebeln
Original Beka

Collaborative Filtering ist eine im Internet häufig angewandte Methode, um Vorlieben zu vergleichen und Empfehlungen abzugeben. Am offensichtlichsten und bekanntesten tritt sie wahrscheinlich bei Amazon zutage („Kunden, die diesen Artikel kauften, kauften auch …"). Auf Streaming-Plattformen wie Spotify gruppieren diese Filter ähnliche Nutzer*innen miteinander. Nutzer*innen gelten als „ähnlich", wenn sie sich dieselben Songs angehört oder ähnliche Nutzungsmuster an den Tag gelegt haben. Mithilfe des kollaborativen Filterns werden der einen Nutzerin dann Songs oder Künstler*innen vorgeschlagen, die der andere Nutzer gehört hat.

Gleichzeitig erstellt man mithilfe von Computerlinguistik eine mathematische Repräsentation textlicher Assoziationen zu Künstler*innen und Tracks. Ciocca erklärt das so: „Spotify durchsucht ständig das Netz nach Blogeinträgen und anderen Texten über Musik, um herauszufinden, was Menschen über bestimmte Interpret*innen und Songs sagen – welche Adjektive und welche besonderen Ausdrücke in Bezug auf diese Interpret*innen und Songs häufig gebraucht, welche anderen Interpret*innen und Songs im Zusammenhang mit ihnen genannt und besprochen werden."[13]

So kann Spotify Verbindungslinien zwischen Songs und Interpret*innen ziehen und aufgrund online geäußerter Meinungen ähnliche Künstler*innen und Musik finden.

Um neue oder weniger populäre Tracks zu bewerten, über die es nur wenige Nutzer*innendaten gibt – das sogenannte Kaltstartproblem –, setzt Spotify das „Maschinenhören" reiner Audiodateien ein, um Songs mit ähnlichen akustischen Mustern zu identifizieren. Dazu benötigt man komplexe neuronale Netzwerke – im Grunde handelt es sich um eine Art Gesichtserkennungs-Software, trainiert auf die Wiedererkennung von Audiodaten statt Pixeln.[14] Dabei bewertet die Technologie die üblichen Aspekte wie Tonart, Tongeschlecht und Tempo eines Tracks, doch zugleich auch unkonventionellere Eigenschaften wie „Valenz", „Wortreichtum" und „Tanzbarkeit"[15] Dafür muss die „subjektive" Sprache der Musik in die „objektive" Sprache der Zahlen übersetzt werden. In Spotifys Dokumentation

13   Ebd.
14   Ebd.
15   Asher Tobin Chodos, „What Does Music Mean to Spotify? An Essay on Musical Significance in the Era of Digital Curation", *INSAM Journal of Contemporary Music, Art and Technology* 1/2 (2019), S. 49.

zu Programmierschnittstellen wird „Valenz" beschrieben als „ein Messwert zwischen 0,1 und 1,0 zur Beschreibung der musikalischen Positivität, die ein Track transportiert. Tracks mit hoher Valenz klingen positiver (d.h. fröhlich, glücklich, euphorisch), während Tracks mit geringer Valenz negativer klingen (d.h. traurig, deprimiert, wütend)."[16]

Kurz gesagt sind algorithmische Playlists nie das Ergebnis nur eines Algorithmus: Zu ihrer Erstellung werden zahlreiche Algorithmen und Datenanalysemethoden eingesetzt, die Ähnlichkeit konstruieren. Spotifys Markenzeichen, die algorithmische Playlist *Dein Mix der Woche* – eine persönlich zugeschnittene Playlist von 30 neuen Tracks, die jede*r Abonnent*in jeden Montagmorgen präsentiert bekommt – ist ein gutes Beispiel für diese Art von hybridem Empfehlungssystem, das auf Collaborative Filtering, Computerlinguistik und Maschinenhören basiert.

Den meisten Hörer*innen sind diese Details herzlich egal. Aber sie sind wichtig. Jede einzelne noch so kleine Entscheidung, die zum Aufbau eines Empfehlungsalgorithmus für eine *Playlists* wie den *Mix der Woche* beiträgt, hat realen Einfluss darauf, welche Songs gehört werden und welche Künstler*innen folglich von ihrer Musik leben können. Bei der Auswahl des persönlichen *Mix der Woche* gewichtet Spotify die Tracks stärker, die sich auch auf populären oder von Spotify selbst kuratierten Playlists finden.[17] Und wenn ein Dance-Track nicht unter Spotifys Definition von „Tanzbarkeit" fällt, wird er womöglich nicht zur Playlist *Dance Party* hinzugefügt. All das macht Spotify und die anderen Streamingdienste zu mächtigen Gatekeepern der Musikwelt.

Es kommt darauf an, die Hypothesen zu hinterfragen, auf die sich solche Methoden stützen – Annahmen über die Musikhörer*innen und die (soziale) Rolle von Musik. Zunächst einmal betrachten Plattformen wie Spotify das hörende Subjekt in einer Art, die an verhaltenspsychologische Untersuchungen über das Individuum erinnert.

---

16   Spotify for Developers, „Get Audio Features for a Track", (o.D.), https://developer.spotify.com/documentation/web-api/reference/tracks /get-audio-features/, abgerufen am 18.7.2020.

17   Adam Pasick, „The magic that makes Spotify's Discover Weekly playlists so damn good", *Quartz* (21.12.2015); online: http://qz.com/571007 /the-magic-that-makes-spotifys-discover-weekly-playlists-so-damn -good/, abgerufen am 18.7.2020.

Die frühen „Behavioristen" wie B.F. Skinner vertraten die Ansicht, dass die Psychologie eher das Verhalten als das Bewusstsein erforschen solle. Nur Ersteres liefere öffentlich beobachtbare Daten, aus denen sich strenge und wissenschaftlich fundierte Erklärungsmodelle entwickeln ließen, warum Menschen tun, was sie tun.[18] Auch die Streamingdienste sind weniger daran interessiert, wie Nutzer*innen sich selbst als Musikfans identifizieren, oder gar an den demografischen Merkmalen, die früher einmal stellvertretend für Musikgeschmack standen. Stattdessen gehen sie mit einer behavioristischen Haltung an Musikgeschmack heran. Um zum Beispiel die Empfehlungen und Playlists zu personalisieren, erstellt Spotify ein „Geschmacksprofil" jedes Nutzers und jeder Nutzerin des Dienstes. Dabei handelt es sich um das dynamische Protokoll der eigenen musikalischen Identität, erzeugt hauptsächlich durch implizite Rückmeldungen des Nutzungsverhaltens. Dieses Feedback wird jedes Mal registriert, wenn wir nach einem Song oder nach Interpret*innen suchen, die wir mögen, wenn wir Tracks hören, überspringen oder zu Playlists hinzufügen. Solche impliziten Rückmeldungen sind viel leichter zu erhalten als explizites Feedback (bei dem Nutzer*innen aktiv Inhalte bewerten oder ihre Präferenzen beschreiben müssen) und gilt als besserer Indikator der Musik, die wir tatsächlich hören (im Gegensatz zu der Musik, mit der wir gern assoziiert werden möchten).

Streamingdienste fördern offenbar auch eine Online-Version von Neo-Behaviorismus, indem sie unser Hörverhalten beeinflussen und steuern. Eine Grundannahme der Verhaltenspsychologie lautet, dass die Menschen sich an der jeweiligen Umgebung orientieren und daher beeinflusst werden können, indem man diese manipuliert. Im Wunsch, die Hörerbindung zu maximieren, setzen die Plattformen Playlists als kybernetische Labore ein. Ständig werden Tracks nach Maßgabe ihrer Performance-Daten hinzugefügt, ausgetauscht oder innerhalb der Liste nach oben oder unten verschoben. A/B-Test von Playlist-Coverbildern und anderen Eigenschaften werden permanent durchgeführt. Hier fungiert die Playlist als Umgebung oder als „Container", der „als stabilisierendes Element dient, das Musik zur

18   Jay Moore, „The basic principles of behaviorism", in: Bruce Thyer (Hg.), *The Philosophical Legacy of Behaviorism*, Dordrecht: Springer, 1999, S. 41–68.

mathematischen Berechnung und zur optimalen Verbreitung vor-
bereitet".[19] Wie die berühmte Skinner-Box, mit der sich das Verhalten
von Versuchstieren im Labor studieren ließ, bieten Playlists einen
Käfig, in dem die „Hörer*innen-Ratte" beobachtet und das optimale
Hörverhalten herbeigeführt werden kann.

Das mag übertrieben klingen. Doch wie verschiedene Wissen-
schaftler*innen hervorgehoben haben, werden auf Streaming-Plattformen Hörer*innen zu Nutzer*innen umgestaltet, die „die Erstellung,
Pflege und Verwahrung ihrer Musiksammlungen an die Plattformen
auslagern".[20] Im Gegenzug wird die Musik so neu geordnet, dass sie
zu bestimmten Nutzer*innen-Profilen und Augenblicken passt, um
so die Anbindung zu verstärken.

Hier bewegen wir uns weg von einer Theorie der Streaming-
Nutzer*innen und hin zu Annahmen über die Rolle von Musik, auf
denen Streaming-Plattformen anscheinend aufbauen. In einem faszi-
nierenden Experiment, bei dem beobachtet wurde, wie die von Spotify
eingestellten Playlists sich den Nutzer*innen in drei verschiedenen
Ländern präsentierten, kamen Maria Eriksson und ihre Mitautorin
Anna Johansson zu dem Schluss, dass „Musik im Allgemeinen als
performativ beschrieben wurde, als Mittel zur Steigerung von Motivation und Energie": „Immer wieder wurden wir aufgefordert, den
Musikkonsum als Begleitung zu anderen, wichtigeren Tätigkeiten zu
betrachten und nicht als Aktivität an sich. Das Ziel war hier nicht nur
Produktivitätssteigerung, sondern auch die allgemeine Verbesserung
der psychischen Befindlichkeit und der Lebenshaltung, was sich
aus solchen Playlist-Beschreibungen ablesen lässt: ‚Dieses Aufbau-
programm voller Wohlfühl-Songs macht dich happy!'; ‚Bleib smart und
konzentriert mit diesen House-Tracks' oder ‚Nichts tut so weh wie ein
gebrochenes Herz. Diese Songs helfen dir, dich richtig auszuheulen.'"[21]

Hier zeigt sich eine funktionalistische Sichtweise, die Musik als
Hintergrundkulisse alltäglicher Routinen betrachtet, als Erlebnis-

---

19   Maria Eriksson, „The Editorial Playlist as Container Technology:
      On Spotify and the Logistical Role of Digital Music Packages", *Journal
      of Cultural Economy* 13/4 (2020), S. 415–427.
20   Jeremy Morris, *Selling Digital Music, Formatting Culture*, Berkeley:
      University of California Press, 2015, S. 168.
21   Maria Eriksson und Anna Johansson, „‚Keep Smiling!': Time, Functionality
      and Intimacy in Spotify's Featured Playlists", *Cultural Analysis* 16 (2017),
      S. 75.

verstärker und Stimmungserzeuger. Das wird vor allem unterstrichen durch Spotifys Versprechen, den „Soundtrack deines Lebens" zu liefern. In seinem Essay über die Frage, was Musik für Spotify bedeutet, erklärt Asher Tobin Chodos, wie „die schleichende Verbreitung [der Kennzeichnung und Kategorisierung] von ‚Soundtrack'" dazu führt, dass „Musik prinzipiell zur Ergänzung anderer Tätigkeiten oder Konsumaktivitäten wird".[22]

Ein Blick auf Spotifys Spitzen-Playlists zeigt ein Übermaß von Kontexten wie Party, Autofahren oder Workout, die Listen tragen entsprechende Titel wie *Summer BBQ* oder *Songs to Sing in the Car*. Ebenso prominent erscheinen Playlists, die sich auf besondere Stimmungen beziehen, wie *Happy Hits*. Diese Vorliebe für kontext- oder stimmungsbasierte Listen gegenüber Genre-Playlists mag wie eine banale Gestaltungsentscheidung wirken, doch das zugrundeliegende Prinzip lässt sich bis in die obersten Führungsebenen des Unternehmens festmachen. „Wir sind nicht im Musikgeschäft", lautet das berühmte Zitat des Unternehmenschefs Daniel Ek aus seinem Interview mit dem *New Yorker*, „sondern im Momentgeschäft".[23] Das ist nicht bloß ein rhetorischer Schnörkel: Wer mit „Momenten" handelt, der bedient nicht individuelle Nutzer*innen, sondern ihre „kontextuellen Befindlichkeiten".[24]

Natürlich haben Hörer*innen Musik schon immer dazu genutzt, ihr Leben und ihre Aktivitäten zu strukturieren.[25] Streaming-Playlists sind nur die jüngste Erscheinungsform dieser Praxis, mit Musik unseren alltäglichen Erfahrungen mehr Schwung zu geben und sie zu organisieren. Doch wie oben erwähnt, gestattet das Nutzungsdaten-Feedback den Streamingdiensten, die Musik auf ihren Plattformen so zu ordnen und zu präsentieren, dass sie zu bestimmten Nutzer*innen-Profilen und Tageszeiten passt. Seit 2019 hat Spotify einige seiner beliebtesten redaktionellen Playlists personalisiert, denn „Lieder,

---

22   Chodos, „What Does Music Mean to Spotify?", S. 75.
23   John Seabrook, „Spotify: Friend or Foe?", *The New Yorker* (17.11.2014); online: https://www.newyorker.com/magazine/2014/11/24/revenue-streams, abgerufen am 18.7.2020.
24   Roberto Pagano u. a., „The contextual turn: From context-aware to context-driven recommender systems", in: *Proceedings of the 10th ACM conference on recommender systems*, ACM, New York 2016, S. 249–252.
25   Eric Drott, „Music in the Work of Social Reproduction", *Public Culture* 15/2 (2019), S. 162–183.

die der eine unter der Dusche singen möchte, sind für alle anderen womöglich völlig unpassend".[26] Und das ist wahrscheinlich erst der Anfang, da in der Spitzenforschung bereits mit Technologien künstlicher Intelligenz gearbeitet wird, die Echtzeitlernen und Anpassung an sequenzielle Musikvorlieben ermöglichen.[27] Möglich geworden ist das durch die Verbreitung mobiler Endgeräte, die es gestatten, Daten zu Ort, Bewegung, Tageszeit und Kontakten in der Nähe einzuholen. Immer häufiger widmen sich die Hörer*innen weniger der Musik, als dass die Musik sich ihnen widmet und sich an sie wendet.

Konsequenzen für Musiker*innen

Die Forschung hat die entscheidende Bedeutung von redaktionellen Spotify-Playlists für die Karriere von Musiker*innen bestätigt. Eine Studie der Europäischen Kommission stellte fest, dass eine Platzierung in Spotifys *Today's Top Hits* bis zu $136.000 zusätzlicher Einkünfte erzeugt. Andere populäre redaktionelle Spotify-Playlists bringen sogar noch mehr Gewinn: *Viva Latino!* bescherte jedem Track zwischen $303.047 und $424.265 mehr Umsatz.[28] So erstaunt es wenig, dass Musiker*innen – und mit ihnen die Plattenfirmen und Manager*innen, die sie vertreten – sich in den letzten Jahren vor allem darauf konzentriert haben, ihre Tracks in die populärsten Playlists zu bekommen.

Doch obwohl eine solche Platzierung einen ordentlichen Verdienst mit sich bringen kann, sorgen sich die Künstler*innen allmählich wegen der mangelnden Verbindlichkeit, mit der die meisten Nutzer*innen Playlists hören.[29] Die Branchenanalystin Cherie Hu weist auf

26   Spotify for Artists, „Our Playlist Ecosystem Is Evolving: Here's What It Means for Artists & Their Teams", *Spotify* (26.3.2019); online: https://artists.spotify.com/blog/our-playlist-ecosystem-is-evolving, abgerufen am 18.7.2020.

27   Elad Liebman, Maytal Saar-Tsechansky und Peter Stone, „The Right Music at the Right Time: Adaptive Personalized Playlists Based on Sequence Modeling", *MIS Quarterly* 43/3 (2019), S. 765–786.

28   Luis Aguiar und Joel Waldfogel, *Platforms, Promotion, and Product Discovery: Evidence from Spotify Playlists*, Nr. w24713. National Bureau of Economic Research (2018).

29   Cherie Hu, „Millions of Followers? Yes, But Some Top Spotify Playlists Fall Short on Engagement", *Billboard*; online: https://www.billboard.com/articles/business/8463174/spotify-playlists-engagement-analysis-study, abgerufen am 18. Juli 2020.

tragen

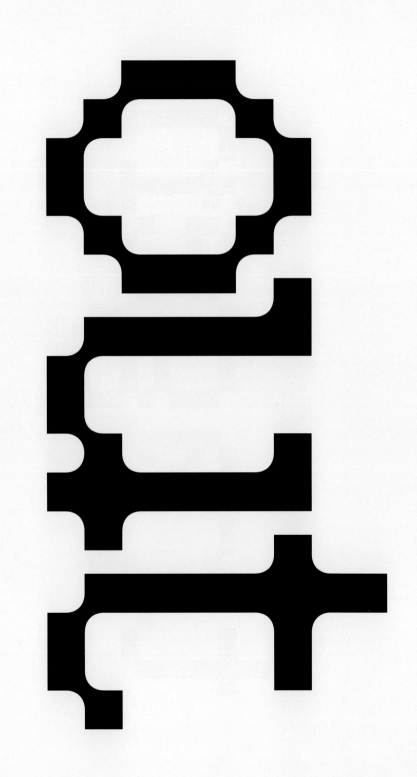

eine „zunehmende Desillusionierung unter aufstrebenden Künstler*-innen und Plattenlabels" hin, weil sich zeigt, „dass Playlists nicht so bedeutsam oder auf ihr Geschäftsmodell ausgerichtet sind, wie der anfängliche Hype versprochen hatte".[30] Dies beruht hauptsächlich auf der Erkenntnis, dass Playlists vor allem den Plattformen dienen und nicht den Künstler*innen. Der Streamingdienst muss die Nutzer*-innen bei der Stange halten, und dafür braucht er, um den Jargon des Silicon Valley zu verwenden, sticky products, also solche, an denen sie kleben bleiben. Playlists erfüllen diesen Zweck, aber dadurch werden die „einzelnen Künstler*innen im Dienste des Produkts entbehrlich".[31]

Tatsächlich sind die Top-Playlists von Spotify viel wirkmächtiger als die Musiker*innen oder Songs, die darin auftauchen. *RapCaviar* der größten und einflussreichsten Hiphop-Playlist der Welt – folgen weltweit über 13 Millionen Menschen. Diese Playlist beschränkt sich nicht mehr nur auf ihre Plattform oder überhaupt aufs Internet, sondern hat seit 2017 eine eigene Tour: die Konzertreihe *RapCaviar Live*.

Interviews und Zielgruppenforschungen unter Hörer*innen haben bestätigt, dass die Leute mehr der Playlist zuhören als den Songs, aus denen sie besteht. In Gesprächsgruppen mit Streaming-Nutzer*innen in Moskau und Stockholm stellte sich heraus, dass Playlist-Nutzung eher „vom Wissen über Künstler wegführte", da „die Songs selbst im schnellen ‚Fluss' der Playlist-Musik in den Hintergrund gerückt wurden".[32] Eine Person drückte es so aus: „Jemand lässt seine Playlist laufen, und dann bleibst du bei irgendwas hängen und fragst, wer oder was das war, aber oft vergisst du es gleich wieder, oder du vergisst zu fragen, weil schon der nächste Song kommt, und dann der nächste, und dann ist der Song, nach dem du fragen wolltest, irgendwie bloß noch Nr. 10 auf der Liste."[33]
Sollte dieses Zitat in irgendeiner Weise repräsentativ sein, dann ist es für Musiker*innen Anlass zur Sorge.

Durch die Entscheidung, wie Künstler*innen und Tracks angeordnet und gruppiert werden, definieren Playlist-Ersteller (ob es nun

---

30   Cherie Hu, „Our new ‚post-playlist' reality", *Revue* 41 (2019); online: https://www.getrevue.co/profile/cheriehu42/issues/our-new-post -playlist-reality-138493, nicht mehr zugänglich.
31   Ebd.
32   Sofia Johansson et al., *Streaming Music: Practices, Media, Cultures*, New York: Routlege, 2017, S. 49.
33   Ebd.

eine Person oder ein Algorithmus ist) die Bedeutung von Musik neu. Und wie die Neuverpackung von Nachrichteninhalten durch Portale wie Google News den Zeitungsredaktionen Macht und Einfluss nimmt, so verschiebt die Zerlegung von Alben und ihre Neuordnung als Playlist die „kuratorische Macht" weg von den Künstler*innen, hin zu den Plattformen.[34] So haben Musiker*innen weniger Kontrolle über die Präsentation ihrer Arbeit als zuvor in der Ära des Albums. Statt der Künstler*innen selbst werden die curators des Musikerlebnisses – die Plattformen – zu „Schöpfern". Das Format ist also wichtig, weil es uns nicht bloß von einer Veränderung des Konsumverhaltens erzählt, sondern auch auf die Verschiebung der Entscheidungsmacht hinweist, die letztlich bestimmt, wer als kreativ betrachtet wird.

Neben einer Theorie des hörenden Subjekts lässt sich auf diese Weise ein bestimmtes Verständnis sowohl von Musik als auch von Musiker*innen konstatieren: Die Hörer*innen gelten als „Nutzer*-innen", Musik wird zu „Content",[35] und Musiker*innen zur „Produktionsstätte für Playlists".[36] Im Gegenzug droht die Playlist Künstler*-innen und ihre Songs zu verschlucken – das musikalische Fundament, auf dem alles andere ruht.

Aus dem Englischen von Ingo Herzke

34   Robert Prey, „Locating Power in Platformization: Music Streaming Playlists and Curatorial Power", *Social Media+Society* 6/2 (2020); online: https://doi.org/10.1177/2056305120933291, abgerufen am 14.9.2020.

35   Keith Negus, „From creator to data: the post-record music industry and the digital conglomerates", *Media, Culture & Society* 41/3 (2019), S. 367–384.

36   Mark Mulligan, „Time to stop playing the velocity game", *MIDiA Research* (3.7.2020); online: https://midiaresearch.com/blog/time-to-stop-playing-the-velocity-game?utm_source=MIDiA+Research+Newsletter &utm_campaign=4299b909fa-EMAIL_CAMPAIGN_2019_01_14_12 _03_COPY_01&utm_medium=email&utm_term=0_8602b921cd-4299b9 09fa-523290919, abgerufen am 10.6.2020.

Und wo bleiben die, die nicht playlist-tauglich sind?

Musik-Streaming ist ein relativ neues Phänomen: Spotify startete 2008, gefolgt von Apple Music im Jahr 2015 und Amazon Music im folgenden Jahr. Dennoch hat sich das Konzept Streamingdienst – der Ort, wo die kommerzielle Abschöpfung und Verflachung von Musikkultur derzeit stattfindet – so rasch und so tief in unser kulturelles Bewusstsein eingegraben, dass es sich unvermeidlich anfühlt. Ist es aber nicht.

Mit dem Fokus auf die Effekte des Streamings auf Musik lässt sich die homogenisierende Wirkung des Plattformkapitalismus auf Kultur insgesamt begreifen. In relativ kurzer Zeit haben die Streamingdienste die Art und Weise, wie Musik bewertet wird und in welchen Kontexten sie vorkommt, vollkommen umgekrempelt. Einer der größten Faktoren dabei ist die „Playlistisierung" von Musik und das Auftauchen von Playlistformaten, die über Stimmung, Tätigkeit oder Befindlichkeit kategorisiert sind.

Der Aufstieg der Playlist ist der vorläufige Schlussakkord in der so langen wie trostlosen Geschichte der Musikvereinnahmung durch große Konzerne. Und diese „schöne neue Welt" der Playlists hat Folgen für Künstler*innen und Hörer*innen gleichermaßen. Im Laufe der Jahre hat sich eine „Playlistlogik" herausgebildet, die heute die Lage bestimmt. Es handelt sich um eine Logik, die mit Kunst und Musik nicht vereinbar ist, denn sie misst Popularität und Passivität den höchsten Wert zu. Playlists sind in die Logik des Kapitalismus eingebettet. Das Wertesystem der Streaming-Ökonomie hat sich in einen Teil der Musik selbst eingeschrieben und so an Stelle der Musikkultur eine Art Plattformkultur etabliert.

Es fällt nicht leicht, über die allumfassenden Folgen dieser Veränderungen in Musik und Medien zu sprechen, ohne sich dabei auf Spotify einzuschießen, auch wenn es sich hier nur um *ein* Privatunternehmen unter den zahlreichen großen Playern im Streaming-Geschäft handelt – und auch diese müssen für ihre Angriffe auf Künstler*innen und Musikszenen zur Rechenschaft gezogen werden. Dennoch ist Spotify der richtige Ort, um die Reichweite der Playlistlogik unter die Lupe zu nehmen. Denn das Unternehmen hat diesen Ansatz am aggressivsten verfolgt und dabei in der Musikindustrie neue Normen gesetzt. Das liegt zum Teil daran, dass Spotify kein Hardware-Hersteller ist. Die Produkte, die das Unternehmen gegenüber seinen Nutzer*innen und der Wall Street in höchsten Tönen anpreist, sind die Musikempfehlungen und die personalisierten Playlists. Spotify ist außerdem eine Werbeplattform mit einem Gratisangebot, und das heißt, dass Playlists nützliche Daten liefern, um das Hörpublikum einzuteilen und gezielte Werbemöglichkeiten zu verkaufen. Auch die schiere Größe von Spotifys Nutzer*innenbasis ist ein Grund für den ungeheuren Einfluss des Unternehmens: Es ist der weltgrößte Streamingdienst und scheint getrieben von dem Ziel, nicht nur die Musikindustrie zu beherrschen, sondern das gesamte „Audiogeschäft" inklusive Radios und Podcasts.

Playlists reagieren auf den Markt

In den frühen Jahren von Spotify hatten die Nutzer*innen mehr Kontrolle über ihr Hörerlebnis: Man kommunizierte mit der Schnittstelle vor allem über die Suchleiste. Die Hörer*innen mussten sich überlegen, was sie hören wollten. Wie nachzulesen im 2018 erschienenen Buch *Spotify Teardown: Inside the Black Box of Streaming Music* änderte sich das 2013, als Spotify sich der – personalisierten oder kuratierten – Playlist zuwandte. In ihrer Beschreibung der Wege, wie Spotify Musik verpackt und gepusht hat, schreiben die Autor*innen: „[D]ie wichtigste Veränderung bei Spotify war der sogenannte *curatorial turn* im Jahr 2013, der Wandel von einem suchbasierten Interface, das Zugang zu Musik gewährte, zum derzeitigen Schwerpunkt: der Versorgung mit persönlich zugeschnittenen Musikempfehlungen."[1]

Vor allem in den frühen Jahren gaben sich die Steamingdienste große Mühe, die Playlists lediglich als eine aktualisierte Version des Mixtapes hinzustellen. Doch einige Aspekte davon, wie Playlists gestaltet, beworben und genutzt werden, schaffen ein neues Paradigma. Zunächst einmal beinhalten sie hauptsächlich Musik von den großen Musikkonzernen, weil Spotify vertraglich dazu verpflichtet ist. Tatsächlich unterhalten diese großen Firmen auch noch eigene Playlist-Marken auf der Plattform, nämlich *Filtr* (Sony), *Digster* (Universal) und *Topsify* (Warner). Die von den großen Labels durch diese

---

1 Maria Eriksson, Patrick Vonderau, Rasmus Fleischer, Pelle Snickars und Anna Johansson, *Spotify Teardown: Inside the Black Box of Streaming Music*, Cambridge, MA: The MIT Press, 2019, S. 117.

53 Stimmzettel der Europawahl 2009, Ortsvorsteher-Wahl, OB-Wahl

Kanäle erstellten Playlists sind auf der Streaming-Plattform deutlich sichtbarer platziert als von Dritten kuratierte Playlists und werden oft sogar auf der ersten Seite als „Tipps" angepriesen (dabei handelt es sich in Wirklichkeit um Werbeverpflichtungen).

Der wichtigste Unterschied zwischen Streaming-Playlists und Mixtapes oder Playlists auf anderen Plattformen ist die ungeheure Datenmenge, die täglich bei den Nutzer*innen abgefischt wird, um die Angebote noch feiner und genauer abzustimmen. Man kann es auch anders nennen: Spotify ist permanent mit Verhaltensüberwachung beschäftigt: Der Dienst beobachtet uns ständig, hält jeden Wiedergabebefehl fest, jedes Überspringen, jeden zu Ende gehörten Song, jede Suche, jede erstellte Playlist, einfach alles.

Playlists sind nicht Ausdruck einer kuratorischen Vision, wie es die Streamingdienste gerne formulieren. Ob sie nun von einem Individuum erstellt wurden, einer professionellen Firma oder einem Algorithmus: Playlists sind oft so gebaut, dass sie regelmäßig aktualisiert werden, und zwar mithilfe gesammelter Daten. Mit anderen Worten: Playlists reagieren auf den Markt. Die Titellisten ändern sich mit dem Auf und Ab der harten Streaming-Währung: der Wiedergabezahlen.

Die Tyrannei der Popularität

Die Streamingwelt ist eine der massenhaften Datensammlung, und viele dieser Daten entscheiden darüber, ob ein Track Erfolg hat oder nicht, auf der Plattform lebt oder stirbt. Die Songs, die *gut streamen*, also gut abschneiden, werden belohnt: Sie werden von menschlichen Kurator*innen weiteren Playlists hinzugefügt oder algorithmisch nach oben versetzt. Die Songs, die *schlecht streamen*, also schlecht abschneiden, werden entfernt oder weniger häufig empfohlen. Dabei sind die *gut streamenden* Songs oft schon von vornherein durch Verträge mit den großen Plattenfirmen oder die dicken Marketing-Budgets der größeren Indie-Labels privilegiert, wodurch bestimmte Songs verpflichtende Werbebanner, Plattform-Promotion oder Playlist-Platzierungen erhalten, was alles zu mehr Streams führt.

Im Lauf der Jahre haben zahllose Künstler*innen und Labels sich dazu geäußert, wie verflachend ein solches System wirkt, in dem Songs, die wieder und wieder im Hintergrund laufen können, die größte Rückendeckung erhalten. In einer der letzten Episoden von Holly Herndons und Mat Dryhursts Podcast *Interdependence* sprach Herndon über diese Dynamik und unterstrich die Absurdität eines Bewertungssystems, das *die Fähigkeit eines Songs, immer wieder gespielt zu werden*, als höchsten Wert betrachtet: „Wenn wir eine Bewertung von Musik nach Wiedergabezahlen akzeptieren, dann finden wir uns auch damit ab, dass musikalischer Wert daran gekoppelt ist, wie gut sie als Hintergrundbeschallung funktioniert, und das lehne ich kategorisch ab", sagte Herndon und erklärte, sie selbst werde am meisten von Musik berührt, die sie eben nicht endlos auf Repeat hört. Die Musik, die sie am stärksten beeinflusst habe, enthalte neue und wichtige Ideen – wie bei einem guten Buch oder einem guten Film. „Ich glaube, das wird immer ein grundlegender Makel des Modells bleiben, das auf der Wiedergabehäufigkeit basiert. Und es drängt damit diejenige Musik immer weiter an den Rand, die im Kern mit einem anderen Wertemaßstab arbeitet [...]. Leicht zu goutierende Musik war historisch betrachtet immer leichter zu Geld zu machen, was auch in Ordnung ist, aber das wurde ausgeglichen durch Menschen, die sich eine LP oder CD für 20 bis 30 Dollar leisten konnten, um damit Zugang zu einer Musik zu bekommen, die nicht in den Hintergrund gehörte."[2]

Diese Anforderung, dass Musik sich gut in den Hintergrund einfügen oder in endloser Wiederholungsschleife funktionieren soll, ist ein Bestandteil der Playlistlogik – der Leitlogik, die einen Song playlisttauglich macht.

Playlistlogik ist die Fortschreibung einer Dynamik, die heute unsere gesamte kulturelle Landschaft durchzieht: die Tyrannei der Popularität. Streams erzeugen Streams erzeugen Streams; die Streams erzeugen weitere Playlist-Platzierungen und Follower; mehr Streams und Playlist-Platzierungen erzeugen eine größere Wahrscheinlichkeit, algorithmisch weiterempfohlen zu werden. Je flacher und weniger anstößig ein Song ist, desto leichter lässt er sich auf den Plattformen in neue Zusammenhänge einfügen – in der Welt des Streaming heißt das, er kann in einer Workout-Playlist neben einer Anzeige für Sport-&Freizeitkleidung platziert werden *und* in einer nächtlichen Party-Playlist neben einer Spirituosenwerbung – und umso populärer wird er.

2   Holly Herndon und Mat Dryhurst, „Interdependence 5 – Liz Pelly",
     Interdependence Podcast; online: https://interdependence.simplecast
     .com/episodes/interdependence-5-liz-pellynonpatrons-zv055d_C,
     gepostet am 17.6.2020, abgerufen am 1.8.2020.

WHAT GOES ON!

GIMME TEN! A lot of fresh

SELEKTOR   PLATTEN

Art Brut
Brilliant! Tragic!
Cooking Vinyl/Indigo
★★

einen erwachsenen Nenner zu bringen. Erst war sie von Klassik und dem Gedanken fasziniert, Opernsängerin zu werden. Später entdeckte sie Punk und Computersoftware. Daraus macht sie nun einen vollelektronischen Kältekammersound, der dem von Cabaret Voltaire und Fever Ray ähnelt. Auf ihm kann sich Stelmanis mit ihrem kräftigen Organ nach Belieben ausbreiten. Vom Prinzip her funktionieren Austra nicht viel anders als etwa Zola Jesus.

Die Redaktion bewertet Neuerscheinungen

Laura Ewert
Redakteurin

dj charts

MATTHIAS TANZMANN LEIPZIG, MOON HARBOUR
1. Shlomi Aber - Freakside
2. Marlow & Claudia Nehls - Water (Jackmate Remix)
3. Lazy Fat People - Pixelgirl (C2 Remix)
4. Pan-Pot - What Is What / Woke Up
5. Jackmate - Nomads
6. Stefan Goldmann - Aurora / Beluga
7. Marko Fürstenberg - Surphased EP
8. Seuil - Brune EP
9. Brendon Moeller - Jazz Space EP
10. Zip & Baby Ford - Glidin' Along The Riverbed

ADA KÖLN, AREAL
1. Zander VT - Dig Your Own Rave
2. Sid LeRock - Naked (DJ Koze Remix)
3. Partial Arts - Trauermusik
4. Metope - Braga
5. Geiger - Good Evening (Remix)
6. Pawel - Aesthetics Of Resistance
7. Synclair - Run, Johnny Run
8. International Pony - Still So Much
9. André Kraml - Dirty Fingernails (Remixe)
10. Sascha Funke - Ey

MELON AMSTERDAM, RATIO?MUSIC
1. Manfriday Feat. Larry Levan - Real Love
2. Beat Pharmacy Feat. Mutabaruka - Wata
3. Broke - Overthat
4. Guy Gerber - Sea Of Sand (Patrick Zigon Remix)
5. Move D - Got Thing
6. Kerri Chandler - Computer Games EP
7. Scott Grooves - Journey Beats
8. No Theory - EP #2
9. San Proper & De Schepper - Proper's Family Part 03
10. Melon - It Happens Every Spring

THOMAS FEHLMANN BERLIN, OCEAN
1. Tony Allen - Ole (Moritz Von Oswa
2. 3 Chairs - No Drum Machine
3. Sound Stream - Love Jam
4. Napiheads - The Bah / I See Heav
5. Amp Fiddler - Ridin (Carl Craig Rem
6. Meteo - Memento
7. Gudrun Gut - Move Me (Burger-Voi
8. Rotating Assembly - Seasons Of My
9. Yellowtail Feat. Jenny Fujita - Over
10. Theo Parrish - I Am These Roots

TIGA MONTREAL, TURBO RECORDINGS
1. Chromeo - Tenderoni (Proxy Remix)
2. Guy Gerber & Chaim - Myspace
3. Kaliber 11 - A1
4. Kolombo & Libby - Shot Snap
5. Tiga - You Gonna Want Me (Tocadisco Remix)
6. Passarella Death Squad - Blackout
7. Dahlbäck & Dahlbäck - UNTITLED 3
8. Chromeo - Fancy Footwork (Dim Remix)
9. Proxy - Decay
10. Prins Thomas - Fehrora

RIPPERTON LAUSANNE, LAZY FAT PEOPLE
1. Sid Le Rock - Naked (DJ Koze Remix)
2. Sonje - Fusteration
3. Novox - Marbles
4. Daso - La fée verte
5. Minz - Un/Mute EP
6. TG - Rhythm Acupuncture (Buttrich Remix)
7. John Daly - Sky dive EP
8. Pantha Du Prince - Asha
9. Lee Van Dowski - The Last Bounce (Ripperton Remix)
10. Sascha Funke - Auf Aix

DOMINIK EULBERG BONN, TRAUM/TRAPEZ
1. Clark - Ted
2. Plastik - Plastik
3. Gui Boratto - Beautiful Life
4. Riley Reinhold - Light In My Eyes
5. Gabriel Ananda - Trommelstunde
6. Quenum & Dachshund - Platzhirsch 11
7. Jason Emsley - Platzhirsch 13
8. Laven & MSO - Looking For Uhm Uhm
9. CH:Signal Laboratories - Hypnotica Scale 1
10. Stephan Bodzin - Planet Ypsilon

RUEDE HAGELSTEIN BERLIN, FREUNDI
1. Stefan Goldmann - Aurora / Beluga
2. Hot Chip - No Fit State (Audion Ren
3. Mr. White - The Sun Can't Compar
4. Benno Blome - Braitbend Noodles
5. Depeche Mode - Personal Jesus (Tr
6. Depeche Mode - The Sinner In Me (R
7. Douglas Greed - Girlfriend In A Co
8. Riton - Hammer Of Thor
9. Phage - Vut & Vat EP
10. Ruede Hagelstein - Sweaty Balls (I

SERAFIN ZÜRICH, MOUNTAIN PEOPLE
1. Marko Fürstenberg - Surphased EP
2. Reissa - No.3
3. Brifo - Mi Piano Rojo
4. Don Curtis - Shadow Locked
5. Kerri Chandler - Computer Games EP
6. The Horn - The Rural Sex Part Two
7. Homero O - Deep Cut Collective 1
8. Ita.k - Fall Of Justice
9. Journey Man DJ's - Shelley's
10. John Thomas - Basic Voice Remix

SMOOTH PILOTS LEIPZIG, RESOUR RECORDS
1. Mari Boine - Vuoi Me (Henrik Schwarz Remix)
2. Fazari - All Thot She Is
3. 40 Thieves - Ding Dong Moment
4. Good Guy Mikesh - Hoi! (G.G.Mikesh+Filburt Remix)
5. Makossa & Megablast Feat. Capitol A - Like A Rocket
6. Blackjoy - Untitled (Stefan Goldmann Macro Version)
7. Jennifer Cardini & Shonky - August in Paris
8. Tiger Stripes - Sun Watcher
9. Manoo - Kodjo
10. Martin Landsky - Let Me Dance (Sebo K Remix)

D'JULZ PARIS, POKER FLAT / POUSSEZ LIGHT!
1. Shlomi Aber - Freak Side (Acid Mix)
2. TG - Rhythm Axupunture (Martin Buttrich Remix)
3. Stefan Goldmann - Aurora
4. Arii Brkha - Akira
5. Luna City Express - Para Siempre
6. The Viewers - Blank Images (Lazy Fat People Remix)
7. Kerri Chandler - Space Invader
8. Gummirtz - Loalos
9. DJmix - Be Quiet (D'Julz Remix)
10. D'Julz - Flick It

SHONKY PARIS, FREAK 'N' CHIC / MOBILEE
1. Ben Klock - Czeslawa
2. Deicay Linzzae - Gottir Shirt
3. Marc Antona - XTension
4. Boris Werner - Mulchcore
5. Cabonne - Smiling Papers
6. Jitzu - Idiot Savant
7. From Karaoke To Stardon - Loopism Opossum
8. Tim Xavier - Podium 3
9. Tom Clark - Service Station Remixes
10. Trefschwarz - Ghost Track (Shonky Remix)

ALEXXID PARIS, FCOM
1. Robert Babicz - Sin (Ripperton Remix)
2. Jitzu - Glazy Tonk
3. Sweno N Feat Nik Felice - Block Dan
4. Agnes - Hu Murda
5. Bukkador & Fishbeck - Paltenabend
6. Mark Henning - King Of Fire
7. Jamie Jones - I Like You
8. Alexkid - Love Letters (M. Rombay and T. Paris Remixes)
9. Marco Resmann - Gavache
10. Redshape - Coffee And Cigarettes

SHINEDOE AMSTERDAM, INTACTO
1. Polder - Strong Ways
2. Will Saul & Tom Cooper - Sequential Circus
3. Marco Resman - Watercolour
4. Massi DL - Barthobiertolo Spa
5. Remute - Cool But Strange (2000 And One Remix)
6. DJ Madskills & Ginger Sollo - Pecan Remix
7. Sasse - Gravity (Peter Dildo Remix)
8. Onur Özer - Red Cabaret
9. Unknown - White
10. John Thomas - Discolones

HENRIK SCHWARZ BERLIN, SUNDAY MUSIC
1. Wahoo - Get A Girl
2. Christian Prommer - Strings Of Life
3. Freestyle Man - This Side Of The Moog
4. Âme - Balandine
5. Junior Boys - Like A Child (Carl Craig Remix)
6. Ahmad Jamal Trio - Wave
7. Joanna Mac Gregor - Heath On The Heather
8. X-Press 2 - Kill 100 (Lost Heroes Remix)
9. Holder - Lump
10. Henrik Schwarz - Walk Music

TOM CLARK BERLIN, HIGHGRADE
1. Paul Ritch - Winter Ceremony
2. Audion - Death Is Nothing To Fear
3. Paco Osuna - Crazy
4. Todd Bodine - Spring EP
5. Format - B - Bronazor Road
6. Tobias - Diol
7. Greg Oreg - The Line
8. SLG - Sopor
9. Eintokt 23 - Theken EP
10. Jorge Savoreth & Qik - Wheel Of Time

MR. TIES BERLIN, THE MCF
1. Buster Marioc - Bell Sweet Hell
2. Franco Cinelli - Antenna 2
3. Kaliber 10 - B1
4. Dirt Diggler - Graviton (Dapayk Remix)
5. Billy D' Alessandro - That Trick She Knows
6. The Exile Missile - Sidewinder
7. Michel Dehey - Cat Fight
8. Adonis - We're Rocking Down The House
9. Deno - Poetry (The Year 2000 Remix)
10. Jorge Savoreth & Dario Zenker - The Jointe Kinks

AUDIO SOUL PROJECT CHICAGO, DESSOUS
1. Marc Romboy vs. Tyree Cooper - Lost
2. Alex Parsons - Storymate / Disco Drums
3. Audio Soul Project - Enter the Night
4. Chaim - C Factor (Audio Soul Project Remix)
5. Alexkid & Chloe - Afterblaster Reblastered
6. Teamy Faux Seven - Smoke
7. Tom Cooper - Galactica
8. Musiqua - Case Groove
9. FCY - Dash or Glory
10. Badssouth - Anymore

AXEL BARTSCH KÖLN, SPORTCLUB / KOMPKT
1. Trentemøller - Moon Dub
2. Axel Bartsch - In The Country
3. Faze Action - In The Trees (Carl Craig Remix)
4. Asem Shama - Rising France Zeiger
5. Axel Bartsch - Radio Controlled
6. Danilo Vigorito - Cosio
7. Par Grindvik - Cosio
8. Axel Bartsch - Dany
9. Matt Star - Hypno
10. Neal White & Meta - Bobsie

DAVE DK BERLIN, MOODMUSIC / PLAYHOUSE
1. Stefan Goldmann - Aurora
2. Sascha Funke - I Love This Text
3. Sebo K & Metro - Transit
4. Greg Oreck - The Line (Dub)
5. Dirt Crew - Deep We Are (House Version)
6. Funk D'Void & Phil Kieran - White Light
7. Arii Brkha - To Begin,
8. Lopazz - Share My Rhythm (Isolée Remix)
9. Eyerer & Chopstick - Haunting (Sleeper Thief Remix)
10. Lazy Fat People - Pixelgirl (Carl Craig Remix)

EUROKAI HAMBURG, LIEBE*DETAIL
1. Junior Boys - Like A Child (Carl Craig Remix)
2. Nick Höppner - Violet
3. Sebbo - Beirut Boogie
4. H.O.S.H. - Steppenwolf
5. Gabriel Ananda - Trommelstunde
6. Argy - 1985 (Jerome Sydenham Remix)
7. Efdemin - Snotely, Yes,
8. Atlas - Time & Space
9. Pan-Pot - What Is What
10. Matthias Tanzmann - Nip Slip

MARTIN EYERER STUTTGART, TRAPEZ
1. Dusty Kid - Cowboys
2. Shlomi Aber - Freakside
3. David Squillace - Numash
4. Björn Wilke - What If
5. Client - Drive (Eyerer & Namito Remix)
6. Rich & Collins - Hanseatic
7. James Whot - Follicle
8. Stefan Goldmann - Beluga
9. Stewart Walker - Foreshadowing
10. Martin Eyerer & Oliver Klein - Tiffis

BREAKFASTCLUB LEIPZIG, DUSTED DECKS
1. Solee - Impressed
2. Groove - Bring It on (Boris Dlugosch Remix)
3. Murks Lange - Shouting Tigers
4. Teenage Bad Girl - Cocotte (Boys Noize Remix)
5. Shiny Toy Guns - Le Disko (Boys Noize Fire Remix)
6. Chopstick - Haunting
7. Reiner Wachfeld - Infinite Template (Kissy Sell Out Rem
8. Leonold Gregori - The Pigeon Dancer
9. Rest In Belgium - La Musique
10. Mollette - Move Your Body

All das wirft eine Schlüsselfrage auf: Kann auf kommerziellen Plattformen über Popkultur hinaus noch eine andere Kultur bestehen? Ist es unlogisch oder naiv, so etwas überhaupt anzunehmen? Für Streamingdienste – als aktuelle Machtzentren der Musik direkt mit den Gewinnerwartungen der Wall Street verknüpft – ist Skalierung unvermeidlich. Doch Skalierung ist nicht das Ziel aller Künstler*-innen, aller Arten von Musik, aller Musikprojekte.

Playlists sind für Streamingdienste nützlich, weil sie unter anderem die Segmentierung der Hörer*innenschaft erleichtern, wodurch sich wiederum einfacher Werbung verkaufen lässt. Und so bewertet die Playlistlogik am höchsten, was Marken und Werbeagenturen „Bindung" nennen. Das heutige Verständnis des Begriffs „Bindung" ist eine besonders grausige Neuinterpretation des Wortes, eine Mutation, die nur noch wenig mit seiner ursprünglichen Bedeutung zu tun hat. Heutzutage sind mit Bindung nur noch Zahlen gemeint. Beim Streaming heißt das: Wie oft ist ein Track gespielt worden? Zu wie vielen Playlists ist er hinzugefügt worden? Wie viele Follower konnte er generieren?

Wie fehlbar dieses Verständnis von Bindung zur Bestimmung von musikalischem Wert ist, wird daran offenbar, wie schnell Bestechung, Mauschelei und Betrug in der Streamingwelt Einzug gehalten haben. Heute bringt einen schon eine schnelle Google-Suche zu Unternehmen wie Playlist Push, das für eine durchschnittliche Kampagne $450 in Rechnung stellt und behauptet, Zugang zu über 970 Playlist-*curators* und 23 Millionen Hörer*innen zu haben, oder zur Music Promotion Corp., die Künstler*innen versichert, mit mehr als 2.000 Spotify-Playlists zusammenzuarbeiten, um ihre Musik dort zu promoten. Letztere Agentur verspricht Musiker*innen, sie in die offizielle Spotify-Hitliste zu bringen und bietet verschiedene Pakete an, beginnend mit $10 für eine Einzelaktion, die *eine* Playlist-Platzierung eines Songs innerhalb von drei Tagen garantiert. Ein weiteres Paket für $135 heißt „Spotify Viral" und verspricht 15.000 bis 20.000 Wiedergaben innerhalb von sieben Tagen sowie ebenso viele monatliche Hörer*innen.

Die Playlistlogik sollte aus zahlreichen Gründen infrage gestellt werden; ein wichtiger ist, dass sie allein auf Statistiken basiert, die sich leicht mit Geld manipulieren lassen, ob nun durch betrügerische Agenturen oder durch die großen Musikkonzerne. Das ist kaum anders als bei den Betrüger*innen, die sich Follower auf Instagram kaufen – solche Zahlen sind im Grunde bedeutungslos.

Passivität, „Streambait"
und Gefühlsklischees

Früher habe ich die resultierenden Musik- und Playlisttrends als eine Form von Neo-Muzak bezeichnet, eine weitreichende Entwicklung hin zum entspannten Musikhören ohne große Aufmerksamkeit, bei dem die Nutzer*innen der Streamingdienste weniger darüber nachdenken, welches Album oder welche Künstler*innen sie hören wollen und ihre Musik stattdessen nach ihrer tatsächlichen oder ersehnten Gefühlslage und Befindlichkeit auswählen. Heutzutage ist die Hintergrundberieselung der Wartezimmer und Fahrstühle per Kopfhörer noch leichter verfügbar. In der Streamingwelt dient Musik der Gefühlsregulierung oder füllt vielleicht auch nur ein paar Leerstellen, um die Produktivität zu erhöhen.

Ein Ergebnis dieser Verlagerung von Gewohnheiten ist, dass Musik massenhaft aus ihrem ursprünglichen Kontext, dem beabsichtigten Format (Album, EP oder Verortung im Gesamtwerk von Künstler*innen), gerissen und in Form einzelner Tracks in neue Kontexte verpackt wird, die für den Streamingdienst profitabler sind. Die Tracks werden oftmals nur aufgrund ihres Potenzials, Aufmerksamkeit zu binden, ausgewählt: Eingängig genug, dass Nutzer*innen überhaupt auf Play klicken, aber zugleich harmlos genug, dass sie nicht wieder wegklicken.

In einem solchen Umfeld wird oft diejenige Musik belohnt, die sich am besten in die Parameter archetypischer Gefühlsklischees wie „entspannt", „konzentriert", „glücklich" und „traurig" einfügen lässt. Deshalb ist eine weitere Folge daraus der massenhafte Trend zu Tracks, die mit solchen Klischees hantieren, eben damit sie leichter in Playlists einzusortieren sind, die zu einer bestimmten Emotion oder Befindlichkeit passen sollen. Als konkretes Beispiel bietet sich der Musiker an, den Spotify selbst als Beweis dafür angeführt hat, wie eng verflochten sein Erfolg mit der Plattform ist. Spotify hat ihn sogar als exemplarisch in den Unterlagen präsentiert, die das Unternehmen beim Börsengang an der Wall Street veröffentlichte. Dieser Künstler heißt Lauv, und seine Musik scheint so sehr auf Passgenauigkeit in bestimmte Stimmungs-Playlists ausgerichtet, dass er sein Debütalbum 2020 schlicht ~how i'm feelin~ betitelte. Wenn man auf seiner Spotify-Seite weiter nach unten scrollt, bietet Lauv dort „EPs" mit genau den gleichen Songs an, die sich überall sonst in seinem

Katalog finden, nur neu geordnet und mit Clickbait-Titeln versehen: ~DRIVING VIBES~ und ~PARTY VIBES~ und ~LONELY~ und ~WORK OUT W LAUV~.

Letztlich ist die Playlistlogik nur der alte Wein grundlegender Werbungs- und Marketingprinzipien in neuen Schläuchen, eine Denkweise also, die sich früher nur die Lauvs dieser Welt zu eigen gemacht hätten – doch jetzt ist sie ein Druckmittel für Künstler*innen aller Ausrichtungen und Bereiche.

Eine Million Spotifycore-Musiker*innen können von ihrer Kunst leben

Eine weit verbreitete Reaktion auf die geschilderten Probleme – Playlistlogik, Stimmungs-Playlists und Streambait – lautet: Wo ist denn da der Unterschied zum Formatradio, zu Easy-Listening-Sendern? Die Logik des Kapitalismus hat die Mainstream-Musikindustrie doch immer schon geprägt – das ist *die Musikindustrie!* Außerdem: Gibt es nicht auch Hörer*innen, die Musik genau so hören *wollen?*

Es stimmt tatsächlich, dass es auch vor der Streaming-Ära schon passives Musikhören gab. Und es wäre eine viel zu starke Vereinfachung, wollte man technologischen Wandel allein für die vielen Probleme verantwortlich machen, unter denen Musiker*innen heute zu leiden haben – schuld ist vielmehr die Art, wie diese Technologien von der kommerziellen Musikindustrie adaptiert und vereinnahmt wurden, die so ihre ökonomischen Ziele effizienter erreichen will.

Das Neue ist vor allem, dass dieses Modell Musiker*innen, Labels und Hörer*innen aller Reichweiten, Arten und Interessen aggressiv als *one size fits all*-Patentlösung angepriesen wird. Wie andere Unternehmen der Plattform- und Streaming-Ökonomie hat auch Spotify die Idee der Neutralität zum Markenzeichen gemacht: Es geriert sich als offener Marktplatz, wo alle und jede*r gehört werden kann. Man macht uns weis, dieses Modell tauge für alle Künstler*innen und Hörer*innen, also auch für Musiker*innen, die vollkommen unterschiedliche musikalische Bereiche abdecken, aus ganz unterschiedlichen Motivationen Musik machen, auf unterschiedlichste Weise ihr Publikum ansprechen und erreichen und auf unterschiedlichste Art Geschäfte machen.

Das Programm von Spotify, das sich direkt an Künstler*innen richtet – *Spotify for Artists* –, veröffentlicht regelmäßig Videos und

Blogposts, in denen Kreativen Tipps und Tricks verraten werden, wie man die Plattform nutzt, um seine Karriere in Gang zu bringen bzw. zu fördern: Man erinnert Musiker*innen daran, dass auch sie, wenn sie sich nur ein bisschen ins Zeug legen, ihre Daten analysieren und sich danach verhalten, es auf der Playlist-Leiter ganz nach oben schaffen können.

Doch in Wirklichkeit belohnt und befördert das Playlist-Umfeld routinemäßig die gleichen Klänge: solche, die sich gut in Stimmungs-Playlists machen. Und was ist mit den Künstler*innen, die nicht als Füllstoff für den Hintergrund taugen? Mit denen, die nicht playlist-tauglich sind?

Ende Juli 2020 gab Daniel Ek der Webseite *Music Ally* ein Interview, das breiten Widerspruch in der Musikszene auslöste: „Manche Künstler*innen, die früher erfolgreich waren, werden in der Musiklandschaft der Zukunft eventuell keinen Erfolg mehr haben, wo man nicht alle drei oder vier Jahre eine Platte machen und glauben kann, das reicht", sagte Ek. „Die Musiker*innen, die es heute schaffen, haben erkannt, dass es um eine permanente Bindung und Beschäftigung mit ihren Fans geht. Man muss seine Arbeit machen, muss eine Geschichte rund um das Album erzählen, muss kontinuierlich im Dialog mit den Fans bleiben."[3]

Ek sagte hier mit anderen Worten, dass es Musiker*innen gibt, die auf Spotify *Erfolg haben* und andere, die *keinen Erfolg haben* – er gibt aber nicht zu, wie entscheidend die Bereitschaft zur Produktion von Hintergrundmusik für Stimmungs-Playlists für diesen *Erfolg* ist. So wird auch klar, was Ek wirklich meinte, als er es 2018 zu seiner persönlichen Mission erklärte, dass bei Spotify „eine Million Musiker*innen von ihrer Kunst leben können"[4] – offenbar meinte er damit eine Million Musiker*innen, die Streambait produzieren und sich wie Content schaffende Influencer benehmen.

---

3   Stuart Dredge, „Spotify CEO talks Covid-19, artist incomes and podcasting (interview)", *Music Ally*; online: https://musically.com/2020/07/30/spotify-ceo-talks-covid-19-artist-incomes-and-podcasting-interview/, gepostet am 30.7.2020, abgerufen am 1. 8. 2020.

4   Ebd.

Alle Playlists
bewerben irgendwas

Es sollte nicht unerwähnt bleiben, dass Spotify im letzten Jahrzehnt nicht nur selbst zahllose Playlists erstellt hat, sondern auch ein beliebtes Ziel für Influencer und Werbekunden geworden ist, die ihre eigenen Marken und Produkte dort vermarkten wollen. Zahlende Abonnent*-innen bekommen zwar nicht alle paar Tracks einen Audio-Werbespot eingespielt, werden aber dennoch mit reichlich Werbung überschüttet. Und selbst wenn die Playlists keine Marken wie Nike oder Starbucks anpreisen, so preisen sie doch etwas an: Spotify und seine Playlists.

Alle Playlists sind Produkte von Spotify. Aus einer Arbeits-kampfperspektive ist das eine wichtige Unterscheidung. Spotify ver-sucht den Hörer*innen anzugewöhnen, auf der Plattform nach den plattformeigenen Produkten zu suchen, nicht nach Künstler*innen oder Alben. Wenn man den Namen eine*r Künstler*in in die Such-leiste eingibt, bekommt man noch vor deren bzw. dessen Songs und Alben die Spotify-Playlists gezeigt, auf denen der/die Künstler*in erscheint. Gibt man zum Beispiel „Noname" ein, wird man zu „This is Noname", „Noname Radio", „Low-Key" und „Alternative Rap" ge-lenkt, noch bevor man auf die Alben der Rapperin stößt.

Das hat Folgen für Künstler*innen, vor allem für Independent Artists oder solche mit Prinzipien, die sie vielleicht eines Tages dazu veranlassen, gegen die Praktiken von Spotify vorzugehen und das Unternehmen dazu bringen zu wollen, die Musiker*innen, auf deren Arbeit das Geschäftsmodell der Plattform beruht, transparenter und fairer zu behandeln. Nehmen wir einmal an, eine Musikerin droht ihre Musik von Spotify abzuziehen, wenn das Unternehmen ihre Forderungen nicht erfüllt. Wenn nun aber die Hörgewohnheiten des Publikums sich vollkommen in Richtung Playlists entwickelt haben, was macht es dann schon? Dann werden einfach ein paar Tracks in „Low-Key" ersetzt.

Durch das Playlistumfeld werden Künstler*innen letztendlich entmachtet und entwertet. Das müssen wir im Hinterkopf behalten, wenn wir uns anschauen, wie weit Spotify geht, um aktive Fan-kulturen um bestimmte Playlistmarken zu etablieren.

Ein Beispiel dafür ist die massive Werbekampagne für die sogenannte genrelose Playlist *Pollen*, die im September 2018 auf-gelegt wurde. *Pollen* ist eine eher ungewöhnliche Playlist im Spotify-

Universum. Dieses besteht hauptsächlich aus immer detaillierter zugeschnittenen Nischen: *Chill Vibes, Instrumental Study, Confidence Boost, Hanging Out and Relaxing. Pollen* jedoch ist nichts von alledem. Stattdessen stellt es sich als eine Art maßgebliche Playlist für Leute dar, die keine maßgebliche Playlist wollen, die ihnen sagt, was sie hören sollen. *Pollen* ist reines Marketing: erstellt mit enormen Mitteln, die Spotify offenbar auch jenseits der Plattform selbst ausgegeben hat, um seiner Playlist eine „Markenidentität" zu verschaffen. Trotz des ungeheuren Aufwands für das Aufpolieren ihrer Reputation – ihr Slogan lautet „Genre-less. Quality first always." –, handelt es sich tatsächlich um eine ästhetisch ziemlich einheitliche Mischung aus eher langsamem, entspanntem R&B, Hiphop und Indie-Pop. Sie hat derzeit über 1,3 Millionen Follower.

Der Designer, der für die Entwicklung der „Marke" *Pollen* verpflichtet wurde, erklärt auf der Webseite seiner Designagentur: „Pollen lässt die traditionellen Playlists, die ein bestimmtes Genre oder eine Stimmung bedienen, hinter sich und ruft stattdessen einen übergreifenden ‚Vibe' auf, der eher einem Lebensstil ähnelt; mehr eine Sammlung von Augenblicken als eine einzelne Kategorie."[5] Die Webseite zeigt eine Art Impressum mit zwanzig verschiedenen Personen und Organisationen, die an der Entwicklung der Playlist beteiligt waren, darunter auch ein Visual Artist, der beauftragt wurde, an das „Designsystem" von *Pollen* angepasste Porträts der in der Playlist enthaltenen Künstler*innen zu zeichnen, sowie Florist*innen, die aufwändige Sträuße für die beteiligten Musiker*innen kreierten, die diesen als Teil der Werbeaktion beim Launch zugestellt wurden.

In einem Interview verriet eine Playlist-Kuratorin von Spotify der Webseite *Complex*, Playlists wie *Pollen* stellten den Versuch der Plattform dar, „die Begleitumstände von Nutzer*innen-Communitys kennenzulernen, für welche Art Musik ist ein jüngeres Publikum empfänglich, basierend auf seinen sonstigen Gewohnheiten? Welche Apps verwenden diese Menschen, wie treten sie mit unserer Plattform in Kontakt?"[6]

---

5   PORTO ROCHA, „POLLEN", https://portorocha.com/pollen, zuletzt abgerufen am 1. August 2020.

6   Jacob Moore, „What is Lorem? Inside One of Spotify's Best New Playlists", *Complex*; online: https://www.complex.com/pigeons-and-planes /2019/12/lorem-spotify-playlist, gepostet Dezember 2019, abgerufen am 1.8.2020.

Es scheint so, als sei diesen Playlists schon die „Streaming-Intelligenz" eingebaut, von der Spotify gegenüber seiner Werbekundschaft behauptet, sie sei in der Lage, die Hörer*innenschaft in Zielgruppen einzuteilen, nur dass hier der Kunde Spotify selbst ist. Wenn die Grundidee einer Playlist ist, ein ganz bestimmtes Segment seines Publikums anzusprechen, dann kann Spotify dieses Segment umso gezielter mit Werbung versorgen: entweder indem Anzeigen an andere Marken verkauft oder indem die eigenen Produkte beworben werden. Spotify muss die Hörer*innen gar nicht mehr anlocken und binden und dann erst für die Werbenden definieren und kategorisieren. Man hat sein Publikum schon definiert und das Produkt darauf zugeschnitten.

*

Ein*e Independent-Musiker*in, der/die anonym bleiben möchte, sprach mit mir über eigene Erfahrungen bei der Zusammenarbeit mit einem etablierten Indie-Label und über den Druck des Labels, eine Playlist zu erstellen und regelmäßig zu aktualisieren. Der/Die Musiker*in erklärte, das Label sei „ziemlich entspannt" gewesen, was sonstige Promotion-Anstrengungen anging: „Aber die eine Sache, die sie bei fast jedem Meeting erwähnten, wenn wir über die Bewerbung des Albums sprachen, war diese Spotify-Playlist mit Songs, die ich mag, die ich anlegen und jeden Freitag aktualisieren sollte. Ich fand das irgendwie schräg, dass sie gerade deswegen so einen Druck machten. Ich nehme an, ihr Kontakt von Spotify hatte ihnen gesteckt, dass es für ihre Künstler*innen zuträglich sei, so etwas zu machen, weil dann die Chancen größer sind, dass das Label in die redaktionellen Playlists von Spotify aufgenommen wird. Es hörte sich nämlich die ganze Zeit so an, als sei diese Sache nicht verhandelbar."

Er/Sie fuhr fort: „Nach dieser Erfahrung gewöhnte ich mir an, meine Playlist halbwegs regelmäßig zu aktualisieren. Aber ich ertappe mich ständig bei Schuldgefühlen. Manchmal stelle ich die Liste zusammen und überspringe den Song eines Freundes, und dann fällt mir ein, dass Spotify das registriert und frage mich, ob er dafür wohl bestraft wird. Und dann denke ich an die redaktionellen Playlists, wo es eine besondere Ehre ist, weit oben zu stehen, weil man dann mehr Wiedergaben kriegt [...]. Es ist praktisch unmöglich, irgendwas auf dieser Plattform zu machen, ohne dass einen das Gefühl beschleicht, überwacht zu werden."

*

handelt

sondern

Streamingdienste sind ganz besessen von der Legende, sie hätten die Musikindustrie demokratisiert, doch was sie tatsächlich demokratisiert haben, ist die Ausbeutung durch die Musikindustrie: Jetzt kannst sogar du, eine aufstrebende experimentelle Musikerin, die im Schlafzimmer probt, dich mit den gleichen Mitteln ausbeuten lassen wie die großen Stars. Die angebliche „Offenheit" des neuen Musikgeschäfts verbreitet das falsche Narrativ der Ermächtigung von Künstler*innen und Fans zugleich. Jede*r kann Musik veröffentlichen, sagen sie. Jede*r kann Fans finden. Fans entdecken mehr neue Musik als je zuvor. Doch diese Systeme werden alle von der Unternehmerklasse und Brancheneliten gelenkt, von den großen Plattenfirmen und Marken. Sie entscheiden, was wir zu sehen bekommen, wer gewinnt und verliert, und nach welcher Logik das System arbeitet.

Wegen seiner aktuell alles verschlingenden Größenordnung und den damit verbundenen enormen finanziellen Interessen hat sich Streaming als neue Norm fest etabliert, ein mangelhaftes System, unter dem Musiker*innen, Songwriter*innen und Hörer*innen gleichermaßen leiden. Gegenwärtig scheint die Musikwelt in einem Teufelskreis festzustecken – was ansatzweise bereits zu dem Eingeständnis geführt hat, dass es am besten wäre, dieses System hinter sich zu lassen und neue Formen der Online-Musikdistribution zu entwickeln, die sich gegenüber Künstler*innen *und* Hörer*innen weniger ausbeuterisch verhalten.

Im Jahr 2020 beginnt sich allmählich eine kritische Masse des enthusiastischen Widerstands gegen den Status quo des Musikstreamings zu formen. In den letzten Jahren haben wir mehrere Wellen von Künstler*innen erlebt, die das politische und wirtschaftliche Feld erweitert haben, in dem die Probleme des Musikstreamings verstanden werden müssen. Musiker*innen haben angefangen, sich alternative Projekte auszudenken, und sich im Kollektiv zu organisieren, um dagegenzuhalten. Und selbst für die Zusammenstellung von Musikempfehlungen jenseits der Beschränkungen der Playlistlogik gibt es Unternehmungen wie Avalon Emersons Buy Music Club,[7] eine schlichte Webseite, auf der Fans Playlists aus Bandcamp-Links zusammenstellen, womit die Nutzer*innen ermuntert werden, die Musik zu kaufen, wenn sie ihnen gefällt. Wie der Streaming-kritische Newsletter *Penny Fractions* es beschrieb, ermöglicht Buy Music Club

---

7   https://www.buymusic.club/

„eine kleine Verlagerung darin, wie Künstler*innen sich in einer Post-Streaming-Welt positionieren können."[8]

Über die Auswirkungen von Musikstreaming auf Künstler*innen ist viel geschrieben worden, aber wir sollten nicht vergessen, dass die Playlistlogik auch für Musikhörer*innen eine bedeutungslosere, verwässerte Beziehung zur Musik fördert, und das ist an sich schon kein guter Service. Playlisthörer*innen können leicht in einer Feedbackschleife aus Bequemlichkeit und Dauerberieselung gefangen werden, da ihr Geschmack überwacht, neu verpackt und an sie zurückverkauft wird, wobei Streambait-Titel ihre unterbewussten Emotionen ausnutzen. Die meisten Musikfans würden zustimmen, dass in dieser Beziehung irgendetwas fehlt.

Wenn Playlistlogik Musik noch einmal kommerzialisiert, um Wertschöpfung für Streamingdienste zu betreiben, dann gehört zur Gegenstrategie, die materiellen Grundlagen der Musikproduktion und der darin steckenden Arbeit wahrzunehmen und wertzuschätzen. Es gibt bereits eine Anti-Playlistlogik, sie existiert schon lange, doch es würde uns gut anstehen, uns daran zu erinnern, woraus sie besteht: aktives Zuhören, Plattenkaufen, Unterstützung der gemeinschaftlichen Ökosysteme, die sich um unabhängige Musikproduktion gebildet haben, zu den Prozessen beizutragen, die Musik in die richtigen Zusammenhänge stellen. Und nicht vergessen, dass eine Welt nach dem Streaming möglich ist.

Aus dem Englischen von Ingo Herzke

8   David Turner, „Penny Fractions: A Half-Step Towards a Better Music Ecosystem", *Penny Fractions*; online: https://www.getrevue.co/profile/pennyfractions/issues/penny-fractions-a-half-step-towards-a-better-music-ecosystem-172439?utm_campaign=Penny%20Fractions&utm_medium=email&utm_source=Revue%20newsletter, gepostet 17.4.2019, abgerufen am 1.8.2020.

Listening Back

Maria Eriksson: Ihr Werk bringt das verborgene Wesen der Online-Überwachung auf direkte und mitunter auch akustisch sehr schöne Weise zum Vorschein. Beruht Ihr Interesse an der Online-Überwachung auf Ihrer künstlerischen Praxis als Musikerin?

Jasmine Guffond: Mein Interesse kam auf, als ich den Master in Sound Studies an der Universität der Künste in Berlin machte. Man hatte uns eingeladen, an einem Soundwalk in Charlottenburg zur Geschichte der Proteste im Umfeld der Deutschen Oper und im Gebäude selbst mitzuwirken. Damals hatte ich gerade aus den Medien erfahren, dass in New York nach den Occupy-Wallstreet-Protesten Überwachungskameras mit Gesichtserkennung installiert wurden. Wie ich später feststellen musste, nimmt die Polizei in Deutschland immer wieder Demonstrationen auf Video auf und kann sie via Gesichtserkennungstechnologie mit Ausweis- oder Führerscheindaten abgleichen.[1] In Deutschland ist es außerdem verboten, bei einer Demonstration sein Gesicht zu verdecken. Damit ist das Recht auf einen anonymen Protest infrage gestellt. Aus diesem Kontext heraus fand ich es spannend, einen zeitgenössischen technologischen Aspekt dieser Protestkultur zu erforschen.

Die Gesichtserkennungstechnologie ist eine besonders tückische Form der biometrischen Überwachung, denn im Gegensatz zu einem Iris-Scan oder Fingerabdruck, bei dem man direkt in eine Kamera schauen oder den Finger zeigen muss, ist kein aktiver Beitrag nötig. Deshalb gilt sie als „stumme" Technologie. Ich wollte den Erkennungsalgorithmen einen Klang geben und sie hörbar machen.[2] Im Rahmen der Recherche für dieses Projekt habe ich mich eingehend mit Überwachungsstudien befasst: Die vorherrschende digitale Überwachung machte mich fassungslos.

---

1   Peter Ullrich und Gina Rosa Wollinger, „A Surveillance Studies Perspective on Protest Policing: The Case of Video Surveillance of Demonstrations in Germany", *Video Surveillance* 3 (2011), S. 27.

2   Jasmine Guffond, *Sonic Portraits: Das Grosse Buh, Protesten auf der Spur: Ein Soundwalk*; online: http://jasmineguffond.com/?path=art/Sonic+Portraits+Deutsche+Oper, abgerufen am 15.7.2020.

Part II.

OVERTURE   ...   "Fra Diavolo" ...   .   *Auber.*
Mr. WALTER HASTINGS.

BALLAD ...   ... "The Heart bow'd down" ...   ...   *Balfe.*
Mr. JOSEPH KEENAN.

SONGS   ... { "The Detective," "Don't take an old Man's Daughter," and "The Scamp, or They can't hold a candle to me." }

BY THE FAMOUS ACTOR AND VOCALIST

MR. G. H. MACDERMOTT.

SONG   ...   ...   "Love's Request."   ...   ...   *Reichart.*
Mr. LACEY.

SONG   ...   ": She wore a Wreath of Roses"   ...   *Knight.*
Madame LEIGH.

COMIC SONG   ...   "The Frenchman."   ...   ...
Mr. STUART.

SONG   ...   ... "The Village Blacksmith" ...   ...   *Weiss.*
Mr. JOHN EVANS.

Mr. SMITH ALEXANDER (THE PREMIER VENTRILOQUIST),
Will then introduce his Wonderful and Amusing Entertainment.

PART SONG   ... "Let the Hills Resound" ...   *B. Richards.*
THE WILTON SQUARE CHOIR.

There will be an interval of 15 minutes between Parts 1 and 2, when the Band of the 2ND LONDON RIFLES will play a Selection of Popular Music.

ME: Und Ihr nächstes Projekt war dann *Listening Back*?

JG:D avor kam noch ein anderes Projekt, und zwar *Anywhere All The Time, A Permanent Soundtrack To Your Life*[3] – eine App für Android-Geräte, die WiFi- und GPS-Netzwerke akustisch darstellt, sodass Benutzer*innen unterwegs hören können, in welchem Maße sie von kabellosen Infrastrukturen getrackt werden. Bei diesem Projekt habe ich Hörspaziergänge veranstaltet. Über die sinnliche Erfahrung von Netzwerkdaten wollte ich herausfinden, was es bedeutet, in einer Kultur zu leben, in der öffentlicher und privater Raum Gegenstand einer technologischen Infrastruktur wird, die einerseits unsere Kommunikationsfähigkeiten erweitert, andererseits aber die Voraussetzungen einer Massenüberwachung schafft. Nach diesem Projekt habe ich mit der Arbeit an *Listening Back* begonnen, einem Add-on für Webbrowser, das Online-Cookies in Echtzeit in Sound verwandelt.

ME: Bei dem Projekt komponieren Sie gemeinsam mit den versteckten Überwachungssystemen, die das Internet durchkämmen, Klangmuster. Wie würden Sie Ihren eigenen Anteil im Verhältnis zu demjenigen der Tracking-Technologien beschreiben, mit denen Sie interagieren? Kann ein Cookie inspirierend sein?

JG: Ich finde es spannend, eine hörbare Präsenz für ansonsten nicht greifbare, dabei aber allgegenwärtige und hocheffektive Überwachungstechnologien zu schaffen. Ähnlich wie algorithmische Überwachungsprozesse hat auch Klang keine feste Form, sondern entfaltet sich auf vielfältige Weise und eignet sich daher hervorragend, um das Kontinuum der Echtzeit-Online-Überwachung fassbar zu machen. Was die Komposition angeht, so wird die Soundausgabe, insbesondere deren Struktur, von der Cookie-Aktivität bestimmt, die wiederum durch das Surfen der Nutzerin im Internet erzeugt wird. Ein weiterer entscheidender Faktor ist der Cookie-Datensatz, auf den ich über

---

3   Jasmine Guffond, *Anywhere All The Time, A Permanent Soundtrack To Your Life*; online: http://jasmineguffond.com/?path=art/Anywhere+All +The+Time, abgerufen am 14.7.2020.

die Browser-APIs [die Anwendungsprogrammierschnittstellen]
von Firefox und Chrome Zugriff habe, also die Informationen,
die Google und Mozilla Drittentwicklern zur Verfügung stellen.
Das beschränkt sich allerdings darauf, wann ein Cookie auf dem
Computer der Nutzerin gesetzt, vom Computer gelöscht oder
aktualisiert wird. Darüber, wie häufig ein Cookie von Brow-
sern und Webservern gelesen wird, gibt die API keinen Auf-
schluss. Ich fand es interessant, wie viele technische Prozesse
selbst versierten Programmierer*innen verborgen bleiben und
dass es sich bei der Online-Datenextraktion um wohlgehütete
Geschäftsgeheimnisse handelt. So gesehen sind Google, Mozilla
und die Datenbroker-Branche meine Mitkomponist*innen. Es
zeigt sich, dass Nutzer*innen und Programmierer*innen in
Online-Umgebungen, in denen wir dazu angehalten werden,
der Tracking-Option zuzustimmen, wenig Handlungsspielraum
haben. Das belegt auch, wie sehr die großen Tech-Plattformen
und weniger bekannte Datenbroker unsere Online-Erfahrung
mitgestalten, und zwar durch Extraktion, Sammlung und Verkauf persönlicher Daten, um die Auswahl unserer Nachrichten-
Feeds, unseres Zugangs zu Informationen und unserer Wahrnehmung von Kultur zu beeinflussen.

ME: War es schwierig zu entscheiden, wie störend *Listening Back* sein
darf?

JG: Eine interessante Frage, denn es ist schwer, das richtige
Gleichgewicht zu finden: ein ansonsten nahtloses Surferlebnis
im Netz zu stören, ohne diese Routineaktivität vollständig zu
unterbrechen. Es ist wichtig, die Aufmerksamkeit auf die Daten-
erfassungsprozesse zu lenken, während der oder die Nutzer*in
im Internet surft. Er oder sie muss die algorithmische Überwachung an Ort und Stelle erfahren, um ihren enormen Ver-
breitungsgrad selbst zu erleben. Sound ist für diese Aufgabe
hervorragend geeignet, weil wir ihn hören können, während wir
parallel mit E-Mails, sozialen Medien, Online-Shopping oder
Ähnlichem beschäftigt sind.
    Um ein Schlaglicht auf die vorherrschenden Überwachungs-
netze zu werfen, habe ich spezielle Soundsignaturen für die größten Technologiefirmen wie Google, Amazon, YouTube und eine

Flugsuchmaschine konzipiert, da sie besonders Cookie-lastig sind. Während des Entwicklungsprozesses habe ich außerdem entdeckt, dass das Cookie von Google Analytics das meistverwendete im gesamten World Wide Web und auf unseren PCs ist. Einen speziellen Sound habe ich für den Like-Button von Facebook sowie für einige der regelmäßigen Cookies von Drittanbietern erstellt, die von weniger bekannten Datenbrokern gesetzt werden. Alle anderen Cookies – und es gibt sehr viele – haben den gleichen Klang. Er erinnert ein wenig an das Zupfen einer einzelnen Gitarrensaite und schien mir passend, immer wieder von diversen Cookies gespielt zu werden.

ME: Das Add-on gibt Nutzer*innen auch die Möglichkeit, den Sound von Online-Trackern individuell anzupassen und zu verändern. Warum war Ihnen diese Funktion wichtig?

JG: *Listening Back* wurde nicht nur zur Installation über die Chrome- und Firefox-Shops[4] für die Allgemeinheit, sondern auch für Live-Performances entwickelt. Die Schnittstelle wurde so gestaltet, dass die Performer*innen die Tonart, die Oktave und die Lautstärke der einzelnen Cookies ändern können. Nutzer*innen können auch die Lautstärke der Cookies von Erstanbietern und Drittanbietern einstellen. Drittanbieter-Cookies sind in der Regel für die Funktionsfähigkeit des Internets nicht erforderlich und werden fast immer von Datenhändlern auf unseren Computern platziert. Da viele Websites die gleichen Drittanbieter-Cookies nutzen, eignen sie sich hervorragend, um uns über verschiedene Websites hinweg zu tracken. Beim Anhören dieser Datensätze fällt sofort auf, dass die meisten durchgängigen Töne durch Cookies von Dritten erzeugt werden. Normalerweise sind Erstanbieter-Cookies nur beim Laden einer Seite präsent. Meines Erachtens ist es wichtig, diese Unterscheidung hören zu können und dadurch zu erkennen, dass man auch ohne Drittanbieter-Cookies im Netz surfen kann. Alle Browser bieten die Möglichkeit, solche Cookies zu blockieren,

4   Jasmine Guffond, *Listening Back*; online: https://chrome.google.com/webstore/detail/listening-back/gdkmphlncmoloepkpifnhneogcliiiah sowie https://addons.mozilla.org/en-GB/firefox/addon/listening-back/, abgerufen am 10.1.2020.

aber diese Funktion ist oft unter mehreren Ebenen aus Unter-
menüs versteckt. Aus diesem Grund enthält die Schnittstelle
Tipps, wie man Cookies von Drittanbietern blockieren kann.

ME: Bei *Listening Back* musste ich an das Projekt *Algorythmics*
von Shintaro Miyazaki denken, das unter anderem den Rhythmus
von Netzwerkdatenverkehr hörbar macht und erforscht. Miyazaki
schreibt über die Anfänge des Computers und das Hineinhören in
die Geräte als integralen Bestandteil der Computertechnik in den
1960er Jahren.[5] So verfügten beispielsweise die ersten Großrechner
(wie der UNIVAC I und der erste PASCAL-Computer von Philips
Electronics) über auditive Schnittstellen, die es den Ingenieur*innen
ermöglichten, die Funktionsweise der Computer über ihren Klang
zu untersuchen. Laut Miyazaki handelte es sich bei diesen Inter-
faces im Wesentlichen um Verstärker-Lautsprecher-Systeme, die
mechanische Bewegungen und Prozesse hörbar machten. Könnte
man Ihre Arbeit als eine Rückkehr zu diesen frühen Techniken des
„Sich-Hineinhörens" in Rechenmaschinen bezeichnen? Und wenn
ja, worin besteht für Sie das größte Potenzial bei der (Wieder-)Ent-
deckung von Computern durch Klang?

JG: Mich interessiert das Potenzial von Klang in der Auseinander-
setzung mit politischen Fragen. Welche Vorteile bietet es, bei
der Analyse der Online-Überwachungspraktiken Sound mit
Prozessen der Verständigung, Repräsentation, Bedeutung und
Wissensproduktion zu verknüpfen? Westliche Gesellschaften
sind in erster Linie auf den Sehsinn fokussiert. Zuhören bedeutet, eine radikal andere Perspektive einzunehmen, die alternative Positionen und Verständnisweisen bestimmter Phäno-
mene und Situationen ermöglicht. Im Gegensatz zum Abhören
von Computern, bei denen bereits vorhandene Töne verstärkt
wurden, nutze ich Klang, um ästhetische Aufmerksamkeit auf
ansonsten nicht hörbare Tracking-Technologien zu lenken. So
gesehen ist die Sonifizierung von Echtzeit-Datenprozessen eine

---

5   Vgl. Shintaro Miyazaki, „Algorhythmics: Understanding Micro-Temporality
     in Computational Cultures", *Computational Culture* 2 (28.9.2012);
     online: http://computationalculture.net/algorhythmics-understanding-
     micro-temporality-in-computational-cultures/, abgerufen am 14.7.2020.

Methode zur Erfassung zeitgenössischer sozio-technischer und politischer Situationen durch Erfahrungsräume, in denen man zuhören, fühlen und nachdenken kann, im Fall von *Listening Back* darüber, wie sich die algorithmische Überwachung mit unserem täglichen Aufenthalt im Netz überschneidet. Es besteht die Hoffnung, dass die akustische Offenlegung von Daten eine erhöhte Aufmerksamkeit, ein neues Verständnis, Wissen und sogar konkrete Veränderungen bewirkt. Indem ich die Möglichkeit biete, Datenerfassungsprozessen im Netz zuzuhören, bringe ich Sound als taktisches Mittel gegen die asymmetrische Machtdynamik in Stellung, wie sie den Online-Überwachungskulturen eigen ist.

ME: Warum, glauben Sie, wird unsere Interaktion mit dem Computer mittlerweile vom Sehsinn dominiert? Und was haben wir zu verlieren, wenn wir bei der kritischen Hinterfragung digitaler Technologien unsere Ohren nicht einsetzen?

JG: Unsere Beschäftigung mit dem World Wide Web erfolgt weitgehend über Bildschirmgeräte und damit überwiegend, wenn auch nicht ausschließlich, über den Sehsinn. Bei *Listening Back* wird eine hörbare Präsenz geschaffen, um Prozesse der Datenerfassung darzustellen, die sonst hinter dem Bildschirm oder der grafischen Oberfläche des Webbrowsers verborgen bleiben. Klang durchbricht hier die visuelle Oberfläche des Netzes und stellt das Augenscheinliche in Frage. Das macht es möglich, gängige Vorstellungen zu hinterfragen und unser Alltagsverständnis vom Surfen im Netz auf den Prüfstand zu stellen.

ME: Können Sie mir etwas von Ihrer aktuellen Arbeit zum Content-ID-System von YouTube erzählen?

JG: 2019 wurde ich vom Haus der Kulturen der Welt eingeladen, eine Lecture-Performance zu geben. In diesem Jahr war die Urheberrechtsrichtlinie im EU-Parlament verabschiedet worden, und es herrschte große Besorgnis angesichts von Artikel 17 (ehemals 13), der Websites mit Inhalten, die von Nutzer*innen bereitgestellt werden, für Urheberrechtsverletzungen zur Verantwortung zieht. In der Praxis bedeutet das: Websites müssen einen Upload-Filter einführen, der hochgeladene Inhalte – jeden Tweet, jeden Beitrag, jedes geteilte Foto oder Video – auf mögliche Urheberrechtsverletzungen überprüft. Die EU-Länder haben zwei Jahre Zeit, dem nachzukommen, sodass die Auswirkungen der algorithmischen Überwachung des Internets in der EU nicht wirklich klar waren. Es gibt jedoch einen Vorläufer, nämlich das Content-ID-Managementsystem von YouTube, ein automatisiertes System zum Abgleich von Inhalten hochgeladener Videos mit einer Datenbank aus urheberrechtlich geschütztem Material. Die Erkennungstechnologie ist nicht kontextsensibel: Sie erkennt nicht, wenn beispielsweise urheberrechtlich geschütztes Material zu Satire- oder pädagogischen Zwecken verwendet wird, was unter „Fair Use" fällt und daher nicht gegen das Urheberrecht verstößt. Wir haben also ein System der algorithmischen Steuerung vor uns, das zahlreiche, oft urkomische, aber letztlich „falsch-positive", Ergebnisse erzeugt hat. Während der Lecture-Performance habe ich Remixe von falsch-positiven Videos hochgeladen, die ich bei YouTube gesammelt hatte, um den Content-ID-Algorithmus zu testen und zu sehen, wie er auf falsch-positive Falsch-Positive reagieren würde.

ME: Was sollte Ihrer Ansicht nach unsere größte Sorge bei Filtertechnologien sein?

JG: Artikel 17 der Urheberrechtsrichtlinie ist ein Beispiel dafür, wie wir Algorithmen zunehmend die Macht überlassen, obwohl sie nicht in der Lage sind, etwas so Wesentliches wie Kontext zu verstehen. Diese automatisierten Systeme werden fälschlicherweise manchmal als neutral oder unvoreingenommen betrachtet, als würde ihnen eine vertrauenswürdige Logik innewohnen, weil sie Wissenschaft oder Technologie sind. Aber das ist eindeutig nicht der Fall.

ME: 2020 haben sich im Zuge der beginnenden Coronakrise digitale Tracking- und Überwachungstechnologien rasch verbreitet. Was sind Ihre größten Ängste und Hoffnungen, was die Zukunft des Internets und insbesondere den Online-Zugang zu Musik betrifft?

JG: Ich persönlich finde es höchst beunruhigend, wenn in einer Krise in aller Eile flächendeckend biometrische Überwachungssysteme implementiert werden. Wir müssen uns fragen, warum sich Regierungen auf der Suche nach Lösungen in einer Pandemie an Silicon Valley und Technologieunternehmen wenden. Meine Befürchtungen gelten über das Internet hinaus allen möglichen Bereichen unseres Lebens – Kontaktverfolgung, Bildung, Smart Citys, das Einschalten der Beleuchtung, die Auswahl der Musik, die wir hören, und so weiter – und der Art, wie wir mediatisiert, beeinflusst und kontrolliert werden durch Technologien, die größtenteils von einigen wenigen großen Konzernen entwickelt werden. Die Art und Weise, wie wir Musik konsumieren und auf sie zugreifen, ist ein Aspekt dieser Kultur, wie Ihre Spotify-Forschung aufzeigt. Das Geschäftsmodell einer großen Musikplattform wie Spotify beruht auf Extraktion und Verkauf personenbezogener Daten, die dazu genutzt werden, unseren Musikkonsum und sogar unsere Stimmung zu beeinflussen. Darüber hinaus bestimmt die Oberfläche von Spotify, über die wir mit der Plattform interagieren und auf Musik zugreifen, wie wir hören und was wir hören. Wir ordnen uns ihr freiwillig unter. Was bedeutet das, wenn wir bedenken, dass es sich bei Spotify um ein Unternehmen handelt, dem es in erster Linie um Werbeeinnahmen geht? Die Coronakrise wird häufig als ein Moment bezeichnet, in dem der Kapitalismus vorübergehend außer Kraft gesetzt wurde, und obwohl das zum Teil stimmt, weil viele Branchen heruntergefahren wurden oder komplett zum Stillstand kamen, haben Unternehmen wie Amazon und Zoom enorm profitiert. An der Wurzel der Online-Massenüberwachung liegt eine Logik der Extraktion und Akkumulation, eine Logik, der auch der neoliberale Kapitalismus folgt und die direkt zu Umweltzerstörung sowie zu sozialer Ungerechtigkeit und rassistisch bedingter Ungleichheit beiträgt. Wenn ich auf etwas hoffe, dann auf einen radikalen Wechsel zur postkapitalistischen Gesellschaft. Der Kapitalismus, das hat die Covid-19-Pandemie gezeigt, funktioniert in der Krise nicht, das Sozialwesen hingegen schon.

Aus dem Englischen von Anja Schulte

+   Lina Brion ist Referentin des Programmbeauftragten der Akademie der Künste, Berlin. Bis September 2020 war sie Projektkoordinatorin im Programmbereich Musik & Performing Arts am Haus der Kulturen der Welt, wo sie u. a. die Diskursprogramme der Musikfestivals kuratierte. In Berlin und Paris hat sie Kulturwissenschaft und Philosophie studiert. 2019 gab sie zusammen mit Detlef Diederichsen den Band *100 Jahre Copyright* in der Reihe „Bibliothek 100 Jahre Gegenwart" heraus.

+   Detlef Diederichsen leitet seit 2006 den Bereich Musik und Performing Arts am Haus der Kulturen der Welt und initiierte dort u. a. Reihen und Festivals wie „Wassermusik", „On Music" und „Worldtronics" sowie Thementage wie „Unmenschliche Musik", „Doofe Musik", „No! Music" oder „100 Jahre Copyright". Vorher arbeitete er als Musiker, Musikproduzent, Kritiker, Journalist, Redakteur und Übersetzer. Mit seiner Band Die Zimmermänner veröffentlichte er seit 1980 etliche Tonträger, zuletzt *Die Wäscheleinen waren lang* und *Ein Hund namens Arbeit*.

+   Kristoffer Cornils ist freier Kulturjournalist und ehemaliger Redakteur der Magazine Groove und *Spex*. Er arbeitet in Berlin und lebt dort sogar manchmal.

+   Maria Eriksson ist Medienwissenschaftlerin und untersucht am Humlab der Universität Umeå (Schweden) die Geschichte und Politik alltäglicher digitaler Technologien. In ihrer Arbeit an der Schnittstelle von Softwarestudien, Medienarchäologie, Sozialanthropologie sowie Wissenschafts- und Technikstudien erforscht sie die Wechselwirkung zwischen Kultur und Technik. Seit Mai 2019 ist sie Gastdozentin am Fachbereich für Kunst, Medien und Philosophie der Universität Basel.

+   Jasmine Guffond arbeitet als Künstlerin und Komponistin an der Schnittstelle sozialer, politischer und technischer Inf-rastrukturen. In Live-Performances, Aufnahmen, Installationen und selbst entwickelten Browser-Add-ons befasst sie sich insbesondere mit elektronischen Kompositionen im Musik- und Kunstkontext. Guffonds Arbeit ist weltweit in Ausstellungen zu sehen, ein neues Album, *Microphone Permission*, ist im März 2020 bei Editions Mego erschienen.

+   Liz Pelly lebt als Autorin und Kritikerin in New York. Sie ist freie Redakteurin und Kolumnistin bei *The Baffler*.

+   Robert Prey, kanadischer Medienwissenschaftler, untersucht an der Universität Groningen in den Niederlanden das Verhältnis von Technologie, Kapitalismus und Kultur. Seine Forschungen und Schriften beschäftigen sich mit algorithmischen Empfehlungssystemen und den ineinandergreifenden Prozessen der „Datifizierung" und „Plattformisierung". Derzeit konzentriert er sich auf Musik-Streamingdienste sowie die Musik, die Musiker*innen und die Industrie, die sich darum gruppieren.

Impressum

Das Neue Alphabet ist eine Publikationsreihe des HKW
(Haus der Kulturen der Welt).

Die Publikationsreihe ist Teil des HKW-Projekts *Das Neue
Alphabet* (2019–2022), gefördert von der Beauftragten
der Bundesregierung für Kultur und Medien aufgrund eines
Beschlusses des Deutschen Bundestages.

Herausgeber*innen der Reihe: Detlef Diederichsen,
    Anselm Franke, Katrin Klingan, Daniel Neugebauer,
    Bernd Scherer
Projektleitung: Philipp Albers
Redaktion und Lektorat: Martin Hager
Korrektorat: Claudius Prößer
Konzeption Reihengestaltung: Olaf Nicolai in Zusammenarbeit
    mit Malin Gewinner und Hannes Drißner

Band 2: *Listen!*
Herausgeber*innen: Lina Brion, Detlef Diederichsen
Koordination: Lina Brion
Bildredaktion: Christian Jungeblodt
Beiträger*innen: Kristoffer Cornils, Maria Eriksson, Jasmine
    Guffond, Liz Pelly, Robert Prey
Übersetzer*innen: Ingo Herzke, Anja Schulte
Gestaltung: Malin Gewinner, Hannes Drißner, Markus Dreßen
Satz: Malin Gewinner
Schrift: FK Raster (Florian Karsten), Suisse BP Int'l (Ian Party)
    Lyon Text (Kai Bernau)
Bildbearbeitung: ScanColor Reprostudio GmbH, Leipzig
Druck: Gutenberg Beuys Feindruckerei GmbH, Langenhagen

Erschienen bei:
Spector Books
Harkortstr. 10
01407 Leipzig
www.spectorbooks.com

Fotonachweise: S. 4 Bauer Verlag | S. 8 ddp images |
S. 12 Christian Jungeblodt | S. 21 imagebroker/imago images |
S. 24 Jochen Tack/imago images | S. 29 Danita Delimont +
Michael DeFreitas/Interfoto | S. 36 Christian Jungeblodt |
S. 41 Pitopia/mauritius images | S. 44 Florian Zinnecker;
Montage Christian Jungeblodt | S. 53 Kunz/augenklick |
S. 56 Christian Jungeblodt | S. 61 Christian Jungeblodt |
S. 68 Mary Evans/Maurice Collins Images Collection/Interfoto

Distribution:
Deutschland/Österreich: GVA Gemeinsame Verlagsaus-
    lieferung Göttingen GmbH & Co. KG, www.gva-verlage.de
Schweiz: AVA Verlagsauslieferung AG, www.ava.ch

Haus der Kulturen der Welt
John-Foster-Dulles-Allee 10
D-10557 Berlin
www.hkw.de

HKW

Das Haus der Kulturen der Welt ist ein Geschäftsbereich der
Kulturveranstaltungen des Bundes in Berlin GmbH (KBB).

Intendant: Bernd Scherer
Geschäftsführung: Charlotte Sieben
Vorsitzende des Aufsichtsrates:
    Staatsministerin Prof. Monika Grütters MdB

Das Haus der Kulturen der Welt wird gefördert von

Die Beauftragte der Bundesregierung für Kultur und Medien   Auswärtiges Amt

1. Auflage
Printed in Germany
ISBN: 978-3-95905-454-6

Bereits erschienen:
Band 1: *Das Neue Alphabet*
Band 2: *Listen!*
Band 3: *Gegen_Lesungen des Körpers*

Demnächst erscheinen:
Band 4: *Echo* (Februar 2021)
Band 5: *Haut und Code* (März 2021)
Band 6: *Carrier Bag Fiction* (April 2021)